ganさんが遡《ゆ》行《く》
北海道沢登り三昧
gan-san
岩村和彦
共同文化社

表紙揮毫　長谷川薫子
装　　幀　須田照生

ganさんが遡行《ゆく》　北海道沢登り三昧＊目次

II 日高の沢 107

III 道南の沢 195

COLUMN

※本文中に登場する遡行メンバーは太字で表しています。

ganさんトイレで読図に耽る

二〇〇六年七月に『ganさんが遡行《ゆく》 北海道の沢登り』を共同文化社から出版させていただいた。

山の本は買うのに迷うほど書店で見かけるが、そのほとんどは登山道を前提にしてのものだ。沢登りに関するものは全くと言っていいほど見当たらない。もとより登山者の多くが夏道登山の愛好者だから不思議はないのだが、それには沢登りの情報がなかったことに起因するところも大きい。

山岳会に所属していれば情報を含めて沢登りの機会を得ることが容易にできる。しかし未組織登山者が沢登りをしようと思った時、周囲に私のような者がいなければ有料のツアーを利用するしかない。それはそれで安心して遡行できるメリットは十分あるのだが。

出版によって未経験者や初心者に少しでも沢の面白さや素晴らしさを伝えたいとの思いが果たしてどこまで通じたのかはわからない。いったいどれだけ売れるのだろう

沢の中州で昼食タイム（松倉川）

かとの現実的な心配は、私よりもむしろ出版社の方であったのも想像に難くない。初めて書店に並んでいるのを見た時は素直に嬉しく思ったが、まずまずの売れ行きというのを聞いて一安心したものだ。

勿論友人知人のご祝儀での購入は数しれない。日高の楽古山荘前で遡行者の手に握られていた本を見た時や、芦別岳山頂でいきなり「沢の本、買わせていただきました」と後続の青年に言われた時には、出版した甲斐を感じていた。

札幌近郊の湯の沢川は一部のマニアだけが遡行する隠れた名ルートだったが、週末ともなれば数台の車の駐車が日常になっている。確かめた訳ではないが、おそらく本の影響が少しはあるのだろうとは我田引水過ぎようか。本を買っていただいた皆さんには感謝の念で一杯だが、気になっていることもある。初級中級ルートの本とはいいながら初級が少なかったことだ。おおよその難易度なども目安として明示すれば読者にとってはより参考になったであろうと思う。

この度再び縁あって本書を出版させていただくことになる。

勝手気ままに遡行した備忘録の位置づけはいささかも変わらない。遡行日と写真撮影日は必ずしも一致しない。ガイド本や教科書ではないから言動を含めて読者が真似る必要は全くない。中級程度の経験者にとって沢の楽しみはある意味事前情報のない方が有難いのも事実である。そんな方は精々ルート図だけ参考にしてほしい。

本書を出す理由は多々あるがその最たるものは多くの沢を読者に紹介したいとの単純なものだ。

毎月一度、四時間続くHYMLの懇親会風景

前書との比較で言えば初級者レベルの沢をより意識した。よく知られている沢もあれば誰も知らないような沢もあるのは共通している。むしろ知られていない沢ほど遡行前の楽しみは何倍にも増えると思う。

前書や本書がきっかけになり沢登り愛好者が多くなってくれれば、これ以上嬉しいことはない。結果、山の楽しみ方の選択肢が広がることで、夏山への一極集中によるトイレ問題などが少しでも緩和されれば望外の喜びでもある。

今回の出版に当たり北海道の山メーリングリスト（略称ＨＹＭＬ）やウルトラ・ランナーズ・クラブ（同ＵＲＣ）の仲間には同行や写真撮影で随分お世話になった。私一人では決して出版まで至らない。懲りもせず付き合ってくれた仲間には心から感謝したい。また共同文化社の長江さんを始め、出版に携わっていただいた皆さんにもお礼申し上げたい。

ルート選定に際し北海道撮影社発行の『北海道の山と谷』（文中、略称『山谷』）、白水社発行の『日本登山大系』を参考にさせていただいた。

それにしてもだ。自宅のトイレに地図を持ち込み用足ししながらニヤ付いている姿は、端から見れば一種異様な光景かもしれない。

二〇〇七年睦月の夜に、電気アンカを膝に抱えて……ｇａｎさん

山屋達よ、沢へ行こう

本書を読む前提として前書の『ｇａｎさんが遡行《ゆく》北海道の沢登り』に必ず目を通していただきたい。遡行ルートは個々違うので参考にならないが、「沢の魅力」「沢登りの心構え」「用語の解説」は共通する部分となる。本書では新たに沢の難易度を付け加えた。前書の難易度は本書の巻末にあるので参考にしてほしい。

好天を前提として私から見た難易度を、あくまでひとつの目安として目次と各ルートに表記した。あくまで技術的な面から★を初級、★★を中級と二分した。★は滝の直登や高巻きなどあるが比較的容易なルートであり、★★は微妙な滝の登りや困難な箇所、緊張するトラバースや高度な高巻き、難しい読図など、相当な経験者向きと捉えてほしい。★でも下降で使うなら懸垂下降は時に必要になる。私自身はハーケンなどの登攀用具は使わない登りなので、上級ルートは入っていない。

それに☆を付加することで中間的な難易度だったり、遡行時間の長さ、体力的な面での留意、薮漕ぎの長さや酷さ、読図の難しさを加味している。

ヤッホーッ、ヤッホーッ‼　面白さ★★★（松倉川）

直登不能な大滝があっても高巻きが簡単であれば★のレベルとなる。

但しどんな簡単な沢でも初心者だけでの遡行は前提にしていない。この点で夏道登山とは明確に区別する必要がある。沢登りの醍醐味、面白さ、素晴らしさの裏返しには常に危険との隣合わせであることを忘れてはならない。かと言って必要以上に恐れることもない。慎重かつ大胆に自らの力量に合わせたルートを選び、遡行することだ。

ではいったい初心者が沢をやろうとした時にはどうしたらよいのだろうか。周囲に経験者がいなければ山岳会に入るのをお勧めしたい。札幌であれば秀岳荘やＩＣＩ石井スポーツなど山用品の店に行けば色々な山岳会の会員募集のポスターやチラシが張ってある。町村では地元自治体の観光課に問い合わせすれば山岳会を紹介してくれる。

私のように山岳会に所属していないのは組織に縛られない点で気楽なものだが、体系的な技術の習得や山仲間を得るのには山岳会に入るのがベストだ。

山岳会といってもハイキング程度からヒマラヤ登山まで志向やレベルは様々だ。「沢登りをしたい」と入会の目的をはっきり伝えることが重要だ。会としての決まり事も聞いておきたい。

因みに私が入っているＨＹＭＬは山岳会ではない。インターネット上で北海道の山の情報交換をする集まりに過ぎない。毎月有志が集まって懇親会をやっているから自然発生的に一緒に山に登ることが多いが、あくまで自己責任がその根底にある。組織ではないから他人に頼らない、より自立した登山が求められる。

沢の装備

沢未経験者が★レベルの沢登りをやろうと思った時には何を用意したらいいのだろう。以下は私の経験に基づくものであるのを前提にしたい。山岳会やその時のリーダーの考え方で装備に違いがあるのは当然であり、あくまで基本的なものとして捉えてほしい。装備の購入には経験者や山用品店で十分相談することをお勧めします。

[沢靴]

かつては地下足袋にわらじというのが定番だったが、昨今ではいろいろなものがあり、好みや下山ルートなどで使い分けている人もいる。以下の種類がある。①**渓流シューズ**　現在一番使われているタイプである。一見普通のトレッキングシューズのように見えるが、裏がフェルト底になっている。②**渓流足袋**　地下足袋の裏にフェルトが付いているものや、それに近い形をしているフェルト底の沢専用の足袋である。軽いがつま先や側面などの耐久性にやや難がある。③**地下足袋**に**わらじ**の旧来もの。わらじは現在原料と作り手が急速に減少しつつある。フェルト底のわらじのような代用品もある。④**スパイク地下足袋**　林業従事者が使うもので沢用

左・渓流靴、右・フェルト付き地下足袋、手前・わらじ

ではない。藪漕ぎや高巻きなどでは抜群の威力を発揮するが、沢中での摩擦力は劣るため誰にも勧められない。

摩擦力に優れるのはわらじ、フェルトの順だが、耐久性は逆になる。フェルト底は夏道ではよく滑るので夏靴や運動靴に履き替える人もいる。中に履く靴下だがネオプレーン素材の物が冷たい水にはお勧めだ。ワークショップやホームセンターなどでも安いのを売っている。

尚使用済みのわらじを源頭でたまに見かける。必ず持ち帰ってもらいたい。

[ヘルメット]

必需品である。岩登り用を使うのが一般的だが、工事現場用でも十分代用が利く。夏は特に蒸れるので空気穴があるのがよい。因みに私はトライアスロンの自転車用を長く愛用している。

[ザイル(ロープ)]

ザイルは登る沢によって持参する長さが違うので、経験者に相談することだ。初級レベルでは9㎜、20mがあればいい。パーティーなら二本は用意した方が安心できる。他に7㎜、5m前後のものがあると、ちょっとしたところでこまめに活用できて重宝する。お助けひもと呼んでいる。

[シュリンゲ]

ザイルで作った1mほどの小さい輪と思えばよい。テープ状のものもあり、様々な場面で使い道がある。一人最低二本は装備に入れたい。メーター買いして自分で作ることもできる。

[カラビナ]

ザイルを繋いだりするのに必要だ。安全環付きを入れて最低二個は用意する。

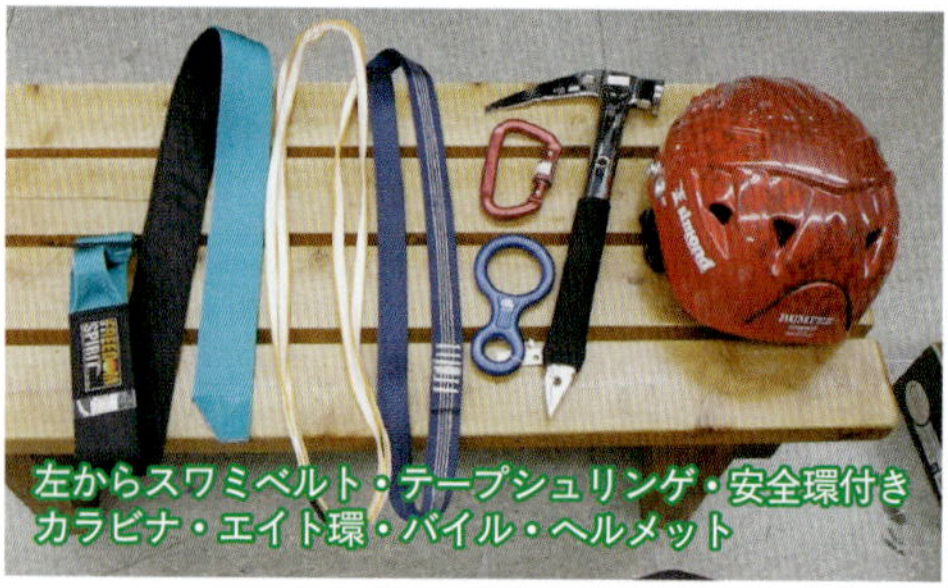

左からスワミベルト・テープシュリンゲ・安全環付きカラビナ・エイト環・バイル・ヘルメット

[スワミベルト]

中級レベル以上の沢なら沢専用の**ハーネス**が良いが、通常はスワミベルトで十分だ。腰に巻くベルトでザイルを結んで安全を確保したり、エイト環を使うのに必要となる。

[エイト環]

懸垂下降する道具で扱いも簡単だ。肩がらみ、といって道具を使わず体にザイルを巻く方法もあるが、衣類の消耗が激しい。懸垂下降は重要な技術なので事前に十分練習しておく。

[バイル]

つるはしの小型のようなものだ。沢では手がかりのない泥壁などを高巻く時に使う。特に未知の沢に行く時には必需品だ。

[衣類]

沢登りは濡れる前提なので速乾性がある衣類が望ましい。綿は乾き難いので避け、化繊物にする。専用の衣類を売っているが、それなりに高価なものだ。藪漕ぎなどをすると消耗が激しいので学生時代に使ったジャージなどでも十分だ。北海道の沢は夏でも寒いので着替えに冬用の下着を用意したい。手袋も必需品だが、綿製の軍手よりも化繊物で手の平にゴム引きのものがグリップ力があり耐久性もよい。

[その他]

地図は国土地理院発行の2万5千分の一を用意する。5万分の一は沢ではほとんど役に立たない。事前に遡行する沢やそれに入り込む支流や枝沢に水線を記入しておく。ついでに分岐には標高を入れたい。私は地図を二枚拡大コピーして一枚を予備にしている。**高度計**や**コンパス**も必携だ。**GPS**は正確な標高や現在地がわかるので便利だが、あくまで読図した上での補助として使いたい。

こんなところも装備があれば下降できる（風不死岳楓沢）

COLUMN ❶

山の食事

山頂や沢で泊まる時何といっても最大の楽しみは食事だ。若い頃はカレーライスが定番だった。レトルトカレーなど安直なことはしない。じゃがいも、人参、玉葱に肉の代わりは缶詰のコンビーフを使う。

元々カレーは大好物だから、朝の分までたくさん作る。うなぎの蒲焼き丼もよく登場する。事前に蒲焼を細切れにして冷凍してくる。

山では量がものをいうから、玉葱や油揚げを加えて具を増量する。熱々の炊きたてご飯にかけると極上の献立だ。安い秋刀魚の缶詰で代用することもままあるが、それでも十分満足する。

沢中では麺類が多い。乾麺を持参して有り余る水を使いそばやうどん、ソーメンと何でもござれ。最近殊に気に入っているのが、四国は高松の川田製麺の讃岐うどんだ。七味唐辛子、長葱、海苔、とろろ昆布など嵩《かさ》張らない薬味を入れることで美味さは何倍にもなる。

寒い時季なら釜揚げうどんが絶品だ。正直に言えば何を食べても何を呑んでも美味しく感じる私の味覚は全く当てにならない。

好き嫌いの無いのが悩みというのも困ったものだ。

I

道央・積丹・増毛・夕張山塊の沢

- 蝦蟇沢から札幌岳1293m
- 漁川から漁岳1318m
- 発寒川から871林道
- 狭薄沢から狭薄山1296m
- ラルマナイ川から空沼岳1251m
- 漁入沢から漁岳1318m
- 大沢から風不死岳1103m
- 豊平川本流から1128m峰
- 幌内府川から余別岳1298m
- 黄金沢から635m
- ユーフレ川本谷から芦別岳1727m

漁川の核心部の滝

DATA
2006／9／18　6：50林道ゲート～8：00豊平峡大橋～8：16◎610入渓～11：53◎930左沢～12：43◎1060縦走路出合い～13：32山頂13：34～13：40◎1250休憩14：28～16：16冷水ルート登山口
MEMBER
カトちゃん、さっちゃん、gan
MAP
札幌岳
LEVEL　★

蝦《が》蟇《ま》沢《さわ》から札幌岳　1293m

札幌市民にとっての札幌岳は
空沼岳や無意根山と並んで日帰り登山の代表格だ。
なだらかな広大な西斜面は初心者の冬山スキーには絶好のゲレンデとなる。
夏道は冷水《ひやみず》ルートと豊滝《とよたき》ルートがある。
蝦蟇沢は難しいところはなく、日本庭園のような渓相の美しさには感動すら覚える。
初級者には是非お勧めしたい沢の一つだ。

方針

祝日の月曜日は日高の幌尻岳に誘われていた。低気圧の関係で前日の昼には中止連絡が入る。雨が降れば暴れ出す額平川《ぬかびらがわ》だから賢明な判断だ。さて空いた月曜をどうするかだ。今年は初心者向けの沢を再度遡行する方針を年初に立てた。蝦蟇沢なら札幌から日帰りできるし、沢の面白さも申し分ない。もう五、六回はやっているが、全て六、七月で蚊が気になって落ちついて遡行した試しがない。マラソン仲間の**カトちゃん**と**さっちゃん**を誘ってにわかパーティーは編成される。フルマラソンもへっちゃらで走る連中だから体力的には何の不安もない。沢で技術は二の次ぎだ。体力こそ一番大事とは私の口癖だ。

前日の天気予報は定山渓が終日曇りマークで雨の確率は〇パーセントだった。

下山を豊滝口にしようと車を回すが林道ゲートには鍵がかかる。ではと冷水口に配

豊平峡大橋までは40分弱で着く

ほらほら、あそこに岩魚が泳いでいるよ

蝦蟇沢~札幌岳
冷水小屋
冷水ルート
豊滝ルート
盤の沢川
この登りが急だ
札幌岳
1293m
広大な西斜面は
スキーに最適
滝、ナメが連続する
分岐
分岐
顕著な左沢
二段10mの滝
20mの滝
930分岐見落としに
注意する
札幌岳～空沼岳縦走路
ヒョウタン沼
■凡　例
往　路
復　路
地図には
ない林道

国土地理院2万5千図の70%

入渓した途端から侘び寂びの世界が展開する

720の平らな岩床は休憩に丁度良い

車して中山峠へと急ぐ。定山渓トンネルを抜けて300m行った右へのカーブ手前左が豊平峡ダム湖へ降りる林道だ。ここにも鍵がかかっているのは想定内だからショックはない。

予報通りの曇り空の下、下りの林道を三十分歩いて十字路に出る。右には「中山3号」左は「豊平川右岸林道」の標識がある。左に曲がると十分もしないでダム湖を渡る豊平峡大橋の朱色が目に入る。春先なら満々と水を湛える湖面も深くえぐれた土壁が見えて、スケールの小さいグランドキャニオンを彷彿《ほうふつ》させる。対岸すぐが分岐になる。右を行くと狭薄沢《さうすざわ》へ、左を進めば十五分程で目的の蝦蟇沢に出合う。

立場

蝦蟇沢が素晴らしいのは記憶にしっかり刻まれている。ただ余りにも色々な沢をやっているから、細かい事は忘れている。入渓したところから930の左沢出合いまで日本庭園のようなしっとりした沢が続く。その美しさにおいては発寒川とどちらが上か。

滝の多さなら発寒川だが、苔生《こけむ》した渓相美は蝦蟇沢に軍配が上がるだろうか。

さっちゃん、**カトちゃん**に何度も怒られる。「ganちゃん、いい沢ほど小出しにするんだから……」沢とマラソンの経験の長さで先輩風をふかしていたら、或る時**さっちゃん**が高校の先輩だというのが判明した。その途端に二人の立場は入れ替わる。後輩の私には逆らうだけの力はない。

610で入渓してすぐにナメに出合うと640で7、80mのナメが続く。660で地図にない小沢が左から入ると670で1mの小滝の上に30mのナメがある。深さ１ｍ長さ１０ｍの淵から先にゴルジュが待つ。二人のため息ばかりが沢中に響く。岩魚《いわな》の群れが溜まりの中で泳ぎを競う。虫が全くいない蝦蟇沢でこれほどゆっくりと観察しながら遡行できるのも秋ならではだ。

７２０付近で風倒木が集中する。九時五十五分、７６０で顕著な沢が左から入る。その出合いにある平らな岩が休憩するには丁度良い。オニオンスープで喉を潤す。

暗示

ここから赤い岩盤が１００ｍ以上も続く。７９０で三段１０ｍの滝は三段目が四筋の流れになると、その上からは茶色の岩盤にナメが５０ｍ現れる。８０５で長さ２０ｍ高さ１０ｍ二段の滝の迫力が凄い。右から高巻く。

十時四十二分、縦横５ｍのがっしりとした四角い滝を**カトちゃん、さっちゃん**が右から先行する。下から私がカメラを構える。ナメが出てくるが岩盤は黒い。その先には小さいがゴルジュが続く。８２０で２００ｍものナメの先で右から小沢が入る。乾いた岩にまだら模様の水滴が付き出す。後からの荒天を暗示していた。

せせらぎ

８４５先からもナメが続く。十一時十四分、８８５で２０ｍの大滝に遇う。真下は幅１０ｍの釜になり、暑い時季なら左岸をへつるのも一興だが、ドボン！の可能性は捨てきれない。右手前に設置ザイルがあるからそれを使って大きく高巻く。滝上に上がると左から顕著な沢が入る。これを詰めると山頂直登となるが、最後の藪漕ぎがきつそうで、試してはいない。すぐ５ｍの滝だが簡単に越せる。

思わず万歳!!わかるなあ、これだけ面白い沢ならね

ほとんど藪漕ぎもなく縦走路にでる

ナメ三昧はまだまだ終わらない。９０５で５０ｍのナメの先には５ｍの滝だ。「せせらぎだねえ……」とうっとりするのは沢五回目のさっちゃんだ。流れはほとんど水平に近い。９２０で左から枝沢が入ると９３０で右から小沢が合流する。１００ｍ以上も続くナメの岩盤は緑がかって一段と怪しい魅力に満ちている。

更に五分歩けば左から結構な沢が入る。水量は一対二で本流の右が多いが、左を上手く詰めると藪漕ぎ無しで空沼岳～札幌岳の縦走路に出合う。初めて遡行した時はこの左沢の確認に相当神経を使ったものだ。プロガイド率いるツアーが詰めを間違え二時間の藪漕ぎの果て、山頂を諦め豊滝口に下山したと聞いていたからだ。

笹刈り

雨は本降りになってきた。雨合羽を着て十一時五十七分左へ入る。暫くは苔生した綺麗な沢が続く。９７５の二股は右の水量が僅かに多いが左へ進む。すぐ先で左から枝沢が入る。左右から笹が覆い被さってくる。水を汲んだ先１０３０で源頭となる。涸れ沢を進むと１０４０で明瞭な二股となり、左を取ると笹のトンネルを五分歩いて縦走路に着く。**カトちゃん**、**さっちゃん**の何とも安堵した顔が忘れられない。

縦走路は七年前、正に廃道状態だった。ＨＹＭＬの発足翌年に有志に呼び掛けた。二日間に渡り、述べ八〇人程が手弁当で笹刈りを行ったのを思い出す。それがきっかけで「山の道を考える会」が発足し、以降毎年、廃道近い登山道の笹刈りを行っている。その後も一度整備をしたが、札幌岳山頂下の豊滝口分岐付近は笹が生い茂っている。山頂着を十三時と見ていたが三十分オーバーしていた。

札幌岳初登頂が沢からなんて何と贅沢な二人かしら

煮込み鍋

強風と雨の山頂に長居はできない。そそくさと記念撮影を済ませると落ち付ける場所を求めて五分下る。張ったツエルトの天井に容赦なく雨が打ち付ける。沢に満足しきった初級者二人には荒天もさほど気にならない。上着だけ着替えてラーメンを作るが、汁が少なく煮込み鍋だ。もやしとワカメ入りが腹ペコ沢屋の欲望を満たす。

登山道にツエルト張ってやっと落ち着く

　登山口に辿り着いた時、一人の男性が帰るところだ。冷水小屋から戻ってきたという。夏道登山なら憂鬱な空も、沢屋にとっては屁みたいなものだ。三連休の最終日、札幌へ向から国道は中山峠手前から延々と渋滞が続いていた。

おまけ

六月から八月にかけては虫対策が欠かせない。フル一日の行動になるが、早発ちすれば空沼岳への縦走も可能だ。札幌市民には宝物のような沢だが、お勧めは断然秋の遡行だ。

漁川出合いの東屋で沢支度をする

DATA
2006／9／9　7：39◎510国道Ｐ～7：46入渓～12：40山頂13：40～16：20◎730右岸林道終点
MEMBER
ヒロポン、照ちゃん、さっちゃん、カトちゃん、悦ちゃん、梅ちゃん、孝一ちゃん、ナナポン、gan
MAP
漁岳・恵庭岳
LEVEL　★

漁川《いざりがわ》から漁岳《いざりだけ》 1318m

夏道のない山だが夏も春先も週末には登山者が絶えない。春先はつぼ足、スノーシューや山スキーの入門コースとして、夏は漁川からの沢登りが定番ルートだ。微妙な滝もあるが高巻きできる。何より絶景の山である。低い這松に囲まれた平坦な山頂からはオコタンペ湖、支笏湖、恵庭岳、羊蹄山、ニセコ連山など三六〇度の眺めが楽しめる。それだけでも十分価値ある山だ。

復帰祝い

漁川からの漁岳は十数年前以来のことだろう。昔私がまだ初心者だった頃、沢の入門ルートとして定着していたこの沢を何度遡行したかしれない。当時右岸林道の存在を知らないで全て国道脇の本流から往復していた。釜を持つ滝に大木が掛かっていたのは記憶にあるが、他はほとんど忘却の彼方だ。

沢の未経験者を中心に総勢五、六名の予定でＨＹＭＬへ参加を呼びかけたら結局九名になってしまう。事情があって沢と山を遠ざかっていた照ちゃんの復帰祝いが大義名分の遡行計画だ。天気予報では問題なかったが、真駒内から支笏湖へ向かう国道は霧で濡れている。この程度なら遡行には鼻くそみたいな影響度合いだ。右岸の林道終点までは国道から車で十分ほどだ。車高の低い車なら運転技術が必要だ。車を二台デポしてから国道まで戻る。

クヌギタケはもう旬を過ぎている、残念！

初めて沢をやる**ヒロポン**の真新しい装備が目に眩しい。**カトちゃん**、**悦ちゃん**、**梅ちゃん**はもう初級者とは呼べないが、**照ちゃん**、**さっちゃん**は若葉マークだ。**孝一ちゃん**、**ナナポン**はバリバリの山屋だから私の守備範囲には入らない。５１０の左岸林道を歩き出す。霧雨は続いているが雨合羽を出すほどではない。五分歩くと分岐になり左へ行くと広場になる。すぐ脇から本流へと入る。

習慣

霧がガスのように煙って、それはそれで落ち着いた雰囲気を醸し出す。暫くは単調な歩きが続くが、初級者がいるから準備運動とみれば丁度よい。**照ちゃん**、**さっちゃん**、**ヒロポン**のおっかなびっくりの慎重な足の運びに、初々しかった頃の昔の自分を探している。小さい砂防ダムを二つ越える。八時五分、分岐になる。勉強を兼ねて**ヒロポン**に現在地を尋ねると、しっかり地図の５５０の二股を指差す。こういう習慣が沢では大事なことだ。リーダー任せにせず、自分ならどうするかを常に考えることで判断力が向上する。５７０で１ｍのナメ滝下に幅、奥行き共に１０ｍの釜が現れ、右岸をへつって行く。沢はとっくに単調さを脱している。茶と緑の岩盤が交互に出てきて、その上をヒタヒタと鏡のような流れが走る。

５７５から幅１０ｍ、長さ５０ｍのナメには惚れ惚れするばかりだ。５９０で右から沢が入る。本流の左を取ると５ｍのナメ滝があるが、暑い時季なら滑り台にして遊んでみたい。両岸が迫ってくる。谷間の凛とした空気が何とも言えない。

鎖

６１０で沢の代名詞ともいえる大木を持った滝と釜が待ち構える。釜は深く紺碧色とも群青色ともつかぬ満々とした水を湛える。神秘に満ちた幽玄な雰囲気に身震いを

漁川～漁岳

右岸のピンクテープを巡ると
右岸林道に出る
左岸にテン場
590二股
単調な歩き
660二股
550二股
右岸林道入口
漁川
恵庭
自転車専用道路
オコタンペ湖
恵庭岳
1320m

滝が多く面白い
詰めは楽だ
漁入沢からのルートは
札幌近郊で一、二を争う渓相美
漁岳
1318m
小漁岳
1235m
1128m峰
フレ岳
1046m
千歳市
N
0 500 1000m
国土地理院2万5千図の70%

白っぽい岩盤に清流が映える

覚えるところだ。滝は１０ｍもない。右寄りからだと登れないことはないが、滑落の可能性は十分ある。孝一ちゃんとナナポンが果敢に挑む。
　左脇に鎖が設置してあり、急斜面だから私が先行して上がり、補助ザイルを出して全員が登り切るまで三十分余りを要する。

伊達

　６２５で１ｍの滝下に深い釜があり、右からへつって上がる。九時四十分、
　６４０二股左岸にはテン場があって小休止だ。僅かだがごみが落ちていてザックの網ポケットに押し込む。照ちゃんからアンパンを二個貰い小腹を満たしていると、後続者の二名が追いつく。内一名はＨＹＭＬ仲間の和夫さんのお兄さんだ。和夫さんも右岸林道から山頂を目指しているという。
　６６０二股は左右の水量が二対三で右を進む。十時二十分７５０で左側にピンクテープが立て続けに打ってある。ここが右岸林道からの合流地点だ。８１０で左から、８３０で右から沢が入る。９００の１０ｍの滝は左右どちらからでも直登ができる。
　９０５の５ｍは左からも可能だが更に左に巻き道がある。９２５の１５ｍの大滝は左に設置ザイルがあるが、直登も可能だ。力量に合わせて多様な取り付きができるのは何とも楽しいものだ。中でも悦ちゃんの軽やかな身のこなしが鮮やかだ。沢専門ではないものの、長年の蓄積は伊達ではない。本当はシャワークライミングで行きたいところもぐっと我慢せざるを得ないのは北国の沢では仕方あるまい。

トンネル

　ゆっくり歩いているから山頂着は十二時を越えそうだ。９８０で右から涸れ沢が入ると先の９９０では１０ｍのやせたトイ状の滝が美し

これこれそこの二人、オダチ過ぎです

初級者にはザイルを出して核心部の高巻きを補助する

640二股で小休止、右奥がテン場となる

い。初級者にはちょっと微妙な登りかもしれない。渓相も一段と味わい深いものになる。十一時三十五分１０２０で左右がナメ状の分岐になる。左を取ると再び赤茶色の岩盤が続く。１０６５で右の枝沢から水を汲む。山頂ではざるそばの予定だから各自のザックには２kgの負荷が加わる。１０７５、１０８５の分岐はそれぞれ右に行くとほどなく源頭となる。

１１３０の涸れ分岐を左に詰めると両側から笹が被さり、トンネルの中を姿勢を低くしながら抵抗を弱める。**さっちゃん、照ちゃん**の歩みが亀からなめくじに退化する。フェルト底の沢靴には粘土質の地面は辛い。

カレー南蛮

素直に沢を詰めて行けば迷うようなところはない。親切すぎるピンクテープもそこかしこで五月蠅《うるさ》い程だ。山頂北のコルに上がれば霧が立ち込め視界は利かない。三角点手前で木陰にツエルトを張った和夫さん一行が休んでいる。嬉しい再会に冷たい手で握り合う。山頂に着いたのは出発して五時間後のことだ。いつもそうだが『山谷』のタイムにはプラス一時間と見るのが妥当なところだ。寒さに耐えられず一分ほどで戻り、和夫さんの集団に混じる。ざるそばでは寒くて我慢できないだろうと温かいカレー南蛮に献立を変更する。木立からの雨露に落ち着かない昼食だ。それでも一時間休んで山頂を離れる。

登り以上に下りでは慎重になる。７５０から右岸林道に続く踏み道はしっかり笹が刈ってあり快適だ。多少の雨でも霧でもやっぱり沢は止められない。十分満足しきった皆の顔が何よりそれを語っている。

小滝の連続に悪天も気にならない

稜線までもうわずかな距離だ

ツエルトさえあればあずましいひと時が約束される

おまけ

体力に自信がなければ右岸林道からの往復だけでも十分楽しめる。下りでは人によってザイルを出した方が安全な箇所がある。

後ろのお方、
工事用ヘルメットと赤い手袋がお似合いですよ

DATA
2006/7/23　6：20平和の滝～7：05◎440入渓～10：35◎790右俣～12：10藪突入～12：27◎871林道13：40～15：50◎500分岐～17：04平和の滝
MEMBER
照ちゃん、神野兄い、青木さん、adacchan、山ちゃん、gan
MAP
手稲山
LEVEL　★☆

発《はっ》寒《さむ》川《がわ》から871林道

手稲山の南を流れる沢で札幌市中心部から三十分もあれば行ける至近さだ。一歩足を踏み入れた瞬間からこの沢の魅力にとり付かれる人は多い。飽きるようなところは全くない。660の大滝往復だけでも十分楽しめるが、一度は源頭までも詰めてみたい。夕日の沢や星置川への沢縦走もできるが前者はきつい藪漕ぎを覚悟しよう。沢初心者の入門ルートとしては必須の沢と言っていいだろう。札幌以外からも遠征するだけの価値ある沢と思う。

開襟シャツ

発寒川は800分岐からの左を詰めて夕日の沢への乗っ越しを以前計画した。緩やかな分水嶺での単独での藪漕ぎに苦労して時間切れになっていた。今回はその800から右を詰めて星置川との分水嶺にある871林道まで行く企画を立てる。読図では源頭からの傾斜が緩く藪漕ぎに苦労するのが覗える。

私と**山ちゃん**は前日遡行したラルマナイ川から空沼岳の疲れが若干残っている。参加を希望したのは沢三回目の**照ちゃん**に、工事現場用ヘルメット姿も凛々しい**青木さん**、岩の大ベテラン**神野兄い**だ。平和の滝駐車場で準備をしているとトラック野郎が現れる。突然乱入のadacchanは手拭頭に開襟シャツ姿で何ともベテランの域

たまりませんねえ、こんなところがそこかしこに

ピンク頭のおじさん、身軽ですねえ！

発寒川〜871林道

手稲山への
夏道
500分岐
S字状ゴルジュ
入渓地点
三段の滝
手稲区
サッポロテイネスキー場
手稲山
西野変電所
琴似発寒川
平和
平和の滝
手稲平和霊園
西野
西区
阿部山
宮城沢川
源八の沢川

星置川への沢縦走もできる
倒木地帯が続く
奥手稲小屋
夕日の沢
800二股
倒木酷い
10m大滝は左から高巻く
夕日の沢への沢縦走もできるが薮こぎがきつい。
苔付きの小沢
奥手稲の沢川
迷沢山
南区
上平沢川
迷沢川
四ッ峰
N
0
500
1000m
国土地理院2万5千図の70%

しっかり巻き道があるから初心者でも安心です

すら超越している。神野兄いはなかなか現れない。

六時集合の約束だが二十分過ぎには出発する。気温はまずまずだが、シャワークライミングには寒過ぎる。曇り空の隙間から時折青空が顔を見せる。雨さえ降らなければ上出来だ。左岸の道は始めの広い林道から登山道へと変わる。

花園街

４４０で手稲山へ向かう道と分かれて入渓する。既にどっぷりと汗をかいた。

出合いで休憩していると俊足を飛ばして神野兄いが追い付く。小樽の花園街で重大な人生相談を夜遅くまでしていたそうだ。人生に悩みは付き物だから仕方がない。昨日から自宅に帰っていない私にはパソコンに送られたａｄａｃｃｈａｎの参加メールや、神野兄いの遅刻連絡は届く筈はない。フルメンバーが揃い、照ちゃん、青木さんの顔には少しばかりの緊張感が漂い始める。

再認識

入渓した途端からこの沢の魅力は全開する。これを書いていながらの私の反省事項は、前回出版した本でこの沢の紹介をしなかったことだ。それほど発寒川の価値は高いと再認識させられる遡行だった。

すぐに六段の滝と六個の釜が４０ｍの間に詰まる。最後の１０ｍの滝の迫力には出だしから半端な沢屋の気持ちを萎縮させる。ここは左から巻き道を使う。４６０で高さ５ｍ、幅１・５ｍの滝下には直径４ｍの深い釜が神秘的な蒼さで遡行者を中へと色仕掛けする。

その上から暫く平坦なナメ状となる。４７５がある意味最大の見せ場かもしれない。１ｍの小滝の下に釜があり、その先に１０ｍの函がある。更にそこからＳ字状のゴル

後ろからいたずらしないでね、真剣なんだから

濡れるのを嫌がっちゃだめよ、ザブザブいらっしゃい

ジュのような滝が続く。暑い時季なら函に向かってダイビングしたらさぞ気持ち良いだろう。ここも左に巻き道がある。

ストリップ

すぐにまた滝のオンパレードだ。１０ｍ、５ｍの二段が待つ。前者は幅１ｍのゴルジュ風で、後者は長方形のハンカチをぶら下げたようだ。どちらも底が見えない釜を持つ。七時四十六分、５００の二股に着く。水量は左右三対一というところか。本流は左向きに４０ｍ進み、再び進路を右九〇度に取る。ここからナメのしっとりした流れが続く。過去の私は何を考えてこの沢を歩いていたのだ。五、六回は遡行していながら、今更ながらこの素晴らしい渓流に内心感激に震えていた。

５０５で小釜を持った１ｍの小滝がある。先で両岸が迫ったゴルジュの奥に４ｍ滝がかかり、更に１ｍが、続いて４ｍとなり、結局三段の滝となる絶景のポイントだ。しかし左に屈曲しているためその全姿を見ることは難しい。左岸に上がった**神野兄い**が一段目を覗く。

巻き道は三段目の上まで続いているが、二段目上に降りてから三段目は右からちょっと微妙な登りを使う。一段目の滝の長さを知りたい私はシュリンゲを繋いで二段目から降りて下を偵察する。簡単には見せてくれない発寒川の道頓堀劇場とはここのことだったのか。始めの巻きで**照ちゃん**が落ちるが大したことなく安堵する。

願望

視界に入る青空の割合が徐々に増え出す。蚊の攻撃がさっぱりないのは誰の行いに因るのだろうか。５２０で５ｍ四方の釜の上の５ｍの滝は右から巻く。

風倒木地帯はジャングルジムの世界に

左に曲がる535付近から再びナメが続く。545で右に直角に折れると5m二段の滝と釜があり、**神野兄い**一人はシャワーで上がるが、他は左から安全を期す。
すぐにまた10mの滝だが上半分はゴルジュ風だ。550で50mにも及ぶ小滝混じりのナメが続き、奥の5mのがっしりとした滝は左から上がる。**照ちゃん**にはザイル代わりのシュリンゲを出す。更に幾つか小滝が続出すると580では左から苔が付いた趣ある沢が入る。九時十分、595で左から赤い岩盤を持った5mの滝が落ち込む。左半分にびっしり付いた苔を避けて右から**神野兄い**と**青木さん**が試しに登る。
本流でも赤い岩盤が暫く続き、沢相の味付けがバラエティー豊かになってくる。
小さな滝だが、**神野兄い**の後を追った**青木さん**が滑って釜に落ちそうになる。後続の**山ちゃん**が受け止めなかったら寒さに震えていただろう。フェルト靴とはいえ、ベテラン並みのルート取りはチト早い。

反転

620で倒木が沢にかかり、木のアーチの下をくぐる。645の小ゴルジュを手足の突っ張りで抜けると660で10mの大滝が待つ。一面苔に覆われた岩盤は垂直に近く、直登はほとんど無理だろう。飛沫とも霧ともつかぬ水滴が空中漂い、修験者でも現れそうだ。神霊場にも似た雰囲気が普段の怠惰な自分を叱咤している。左から巻き上がると665で真四角な滝が出てくる。

すぐにまた二段の滝だが、一段目の釜の深さは5m以上ありそうだ。段々と滝が少なくなるにつれ、緑の濃淡混じる苔が石を包む。美しい渓相が延々とその先に続く。

北海道に住んでいて良かったな、と素直に実感する時だ。755で左に曲がる角にあ

小食のadacchanは傍観者を決め込む

る５ｍの滝は苔だらけの階段状で快適に上がる。８００二股は近い。

狸オヤジ

　十時三十九分二股に着く。オオバミゾホオズキが黄色い可憐な花を見せる。水量は甲乙付け難い。右に入るとここ数年の台風の影響は甚大だ。遡行するというよりも風倒木を乗り越えて行く、障害物競争と言った方が適切だろうか。猿かリスならこんな面白い沢はない。ａｄａｃｃｈａｎや**神野兄い**が飄々として木々を渡り歩くのと正反対に、**照ちゃん**のため息混じりの悪戦苦闘は続く。私と**山ちゃん**は流石に疲労を覚えているが、何食わぬ顔して表面を繕う狸オヤジだ。

　右に左に平坦な流れが蛇行を重ねる。各自２ℓの水を汲むと源頭は近い。水が切れてから右寄りの沢形に入ると程なく藪漕ぎ開始だ。磁石を真北に切る。**神野兄い**を先頭に十五分程進むとブル道が現れる。右に進むと林道に当たる。以前星置川から上がってきた時の見覚えのある小高い土場が８７１の林道に着いた証拠だ。「今日の山頂はここにする！」と宣言すると**照ちゃん**がへなへなとその場に座り込む。

納豆冷麦

　車座になり、新聞紙を敷いて昼食の準備だ。大量の水がないと冷麦は作れない。８００ｇの冷麦には長葱と納豆と唐辛子がなければ始まらない。物足りない沢屋の為にざるそばを追加すると、小食のａｄａｃｃｈａｎが呆れた奴らだとあからさまな視線を向ける。無風、陽光、納豆冷麦、心地よい疲れ、気の置けない仲間、幸せの条件は揃い過ぎている。

　手稲山方面への道はすぐ左右に分かれる。右に進むと五分で広場に出る。そこから先は草が被さり倒木が幾つも出てきて、時間と体力を消耗する。８０２ポコを左に見な

ここの大滝往復だけでも十分元が取れます

がら下ると７４０付近で倒木が重なり、踏み跡が消える。当初は西の斜面を下って本流に出合う予定だったが、東斜面の方が楽そうなので適当に下ると沢形に当たる。

信用

本流５００分岐の右俣上流に出ると５００まではは三十分程で着く。こじんまりとした沢ながらナメが続き、しっとりとした味のある沢だ。当初の目論見では十四時頃には下山できるかなあと思っていたが、平和の滝に着いたのは十七時を回っていた。

軽い遡行の一日になる筈だったが、またしてもまる一日の行動になる。暫く振りの沢だった**照ちゃん**には後から随分怒られた。「隊長の軽い沢っていうのはもう信用しない！」あらあら、また一つ信用を失った私であった。

おまけ

滝はたくさんあるが、巻き道もしっかりあるから技術的には★で十分だ。今回のルートをやるなら体力が要る分☆が加わる。誰もが極上の幸せを感じられる沢だと思う。

DATA
2006／9／30　7：55◎480豊平峡大橋〜8：08◎535入渓〜11：30◎1130藪突入〜11：58山頂12：40〜14：50◎665林道出合い
MEMBER
山ちゃん、栗さん、洋ちゃん、廣川さん、gan
MAP
札幌岳
LEVEL　★

狭《さ》薄《うす》沢《ざわ》から狭《さ》薄《うす》山《やま》 1296m

札幌岳より3m高く、すぐ南にありながら夏道がないため一般登山者には縁の薄い山だ。札幌北東部からも見える三角錐の美しい山容は魅力的で、一度はその頂に立ちたい衝動に駆られる。狭薄沢からは難しいところもなく、最後の藪漕ぎもルートを間違えなければ初級者向きだ。帰りの国道への登り返しに時間がかかるので余裕のある時間配分を心がけて欲しい。

文通の会

文通の会で沢へ行くのはいつ以来のことだろう。栗さんが北見に転勤してからはなかなかメンバーが揃うことはない。会の名前の由来は『ganさんが遡行《ゆく》　北海道の沢登り』の50ページを参照していただきたい。沢歩きが好きな廣川さんからどこかへ連れて行ってくれメールが届いて、メンバー五人が確定する。週末は初級者レベルの沢二本を遡行したいと思っていたが、折角だからキャンプも沢でしたかった。思い浮かんだのは豊平峡ダムへ注ぎ込む狭薄沢と漁《いざり》入沢《いりざわ》だ。狭薄沢は以前二回ほどやっているが詳細な記録を残していない。核心部と思われるところも雪渓で埋まっていたから沢の全容を知りたかった。

翌日の漁入沢から漁川への沢縦走に備え早朝漁川右岸林道終点に車をデポしてから豊平峡へ向かう。天気予報はそれほど悪くなかった筈なのに、定山渓トンネルを抜け

ゆったりした流れは「春の小川」を思い出す

ると狭薄山上空にはどんよりとした雲がかかっている。豊平峡ダム湖を対岸に渡り、右に折れる林道が狭薄沢へと通じる。

蚊柱

林道を十分歩けば535で道は尽きる。入渓すると沢水のピリっとした冷たさが伝わり、ボケた頭がすっきり晴れる。この沢も北隣の蝦蟇沢同様に六月から八月にかけては蚊柱が立つほど虫が多い。この時季の遡行の有難さをつくづく感じる。入渓直後から岩を苔が埋め尽くし、血湧き肉踊る喜びを覚えざるを得ない。

小滝が早速現れる。小釜の中で岩魚の家族が秋の大運動会の最中だ。595の10m弱の滝は一面苔に覆われ、その深みのある美しさが一際光る。少しシャワーを浴びるが左右どちらかでも直登できる。40mのナメが出てくる。600手前で浅い釜に3mの滝が二筋になって流れ落ちる。615で赤い岩盤が現れ、そこからナメが始まる。665で林道が横切る。

キレとヌケ

755の二股までは開けた谷間を緩やかな流れがゆっくりと蛇行する。水量は少なく、深さはくるぶしまでが埋まる程度で、幾春別川遡行を思い出す。童謡にある「春の小川」も時季は違うがきっとこんな光景だったんだろうな。

755二股を左に入ると先で再び林道が上を通る。所々にきのこが生える。**洋ちゃん**によればエノキ茸だそうだ。790で小釜にくの字の滝が5m上から落ち込む。小滝が続いた先810には50mのナメが続くが、流木で埋まっているのは残念なことだ。830で30mの小滝群が現れると、840で右から枝沢が入る。沢は大きく左

狭薄沢〜狭薄山

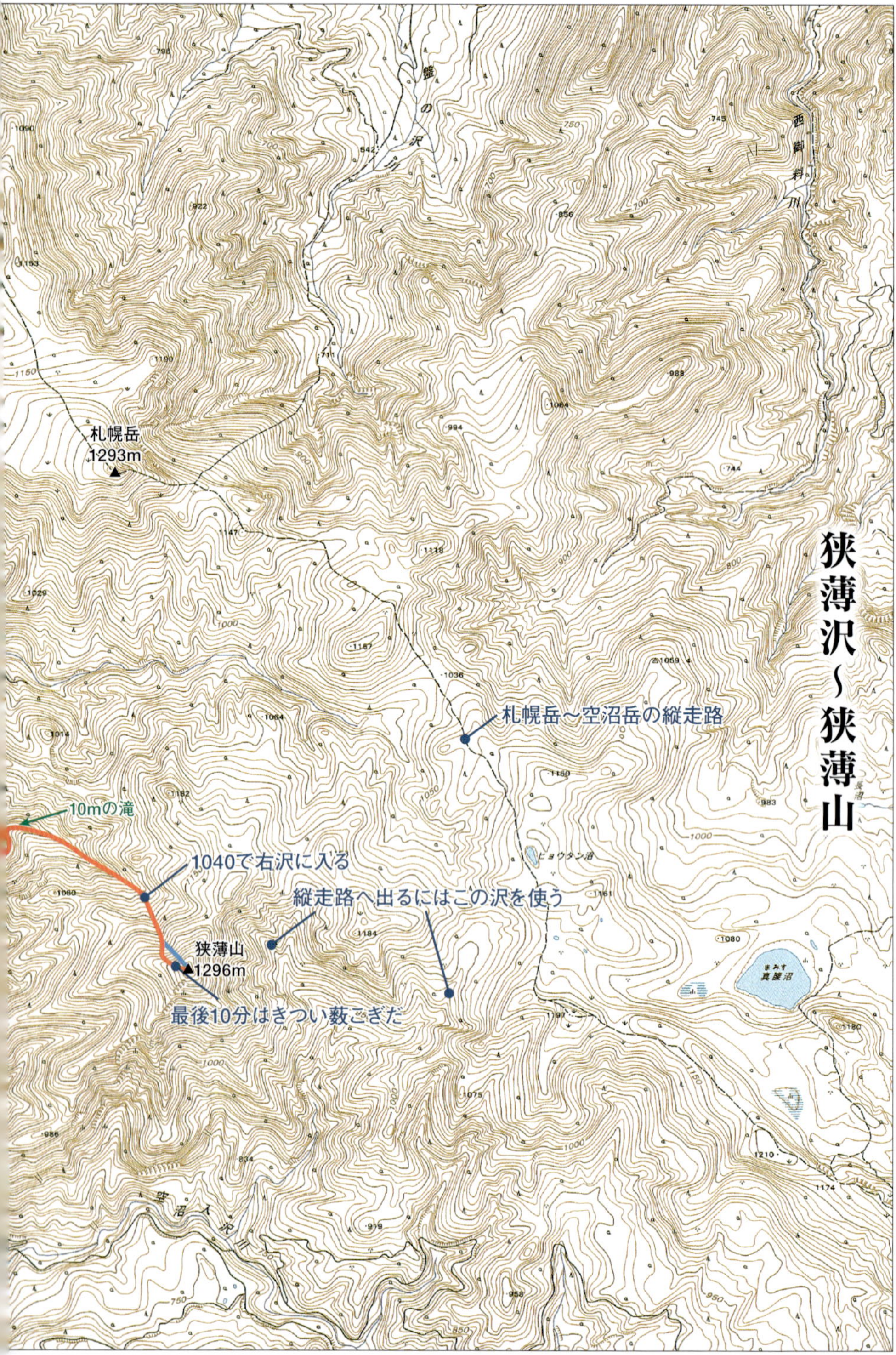

札幌岳
1293m
札幌岳〜空沼岳の縦走路
10mの滝
1040で右沢に入る
縦走路へ出るにはこの沢を使う
狭薄山
1296m
最後10分はきつい藪こぎだ
ヒョウタン沼
真簾沼《まみす》
西御料川

定山湖
ゲートは施錠
されている
535入渓地点
10mの滝
下りは林道を使うと早い
755二股
狭薄沢川
ゆったりした小川が流れる
ガマ沢川
豊平川
南区
←中山峠へ
N
0
500
1000m
国土地理院2万5千図の70%

に曲がる。

黒い一枚岩盤の上はナメとなる。860の幅5m、高さ10mの滝を栗さんは右から上がり、他四名は左からだ。865で5mの滝が出てくると915の二股はすぐだ。右に入ると960の10m近い滝は二筋の流れとなる。黒い岩盤の苔生した沢は天気がいいと陽光を反射して、一段と風情を感じるだろう。時折発する栗さんの雄叫びが皆の笑いを誘い出す。最後のキレとヌケが悪いのだ。砂糖醤油で食べる刺身みたいに決まりが悪い。年齢からするとそろそろあちこち悪くなるのは自然なことだ。潜んでいた羆が笑っていたかどうかは確認のしようがない。

雨合羽

1020分岐の水量も変わらないが水を汲んで右に進む。源頭は近い。すぐに右から枝沢が入り込む。地図を出して山頂への分岐を探る。私の記憶はいい加減なものだ。そろそろ現れてもいい頃だが、まだ早いと結論付ける。案の定すぐ先で明瞭な右沢に出合う。本流をそのまま詰めると山頂北のコルに至る。

右に入ってすぐにポツポツと雨が降り出した。雨合羽を取り出して着込むと少しずつ雨粒は大きくなる。1130で沢形は消え、1150で分岐らしいところは勘を頼りに右に進む。雨雲を持った札幌岳が真北に姿を見せる。

軽い藪漕ぎだった。西の稜線に上がってからは濃い藪を十分漕いで山頂に着く。視界はほとんど利かなかった。低い潅木に囲まれた三角点は何十年風雪に耐えているのだろう。雨足が強まり、急いでツエルトを張る。

果敢に滝を直登する栗さん、格好いい！

山頂で暫し雨宿り、でも楽しいなあ

負傷

温かい天ぷらそばで一息ついた。天井の中央に瞬く間に雨水が溜まっていく。音も激しくなってきた。沢のキャンプは諦めざるを得ないだろう。かじかんだ手で草木を掴みながら適当に斜面を下る。寒さで震えが背筋を走る。

沢を下降中の出来事だった。岩の間が空間になっていて、上にしおれた蕗《ふき》の葉が被さっていた。先頭を行く**栗さん**が左足で踏み抜いて右膝をしたたかに打ち付けた。始めは何とか下っていたが、あの**栗さん**が遅れ出す。負傷の時点で荷物を全員に振り分けるべきだったと後から私は後悔した。

７７０で林道に上がる。雨は止まないが西の空には青空が見える。キャンプは諦めニセコへと車を走らせる。

おまけ

下りでは一箇所ザイルを出すかもしれない。帰途７７０から６６５まで林道を使えば少しは時間の節約になる。

ラルマナイ川から空《そら》沼《ぬま》岳《だけ》 1251m

空沼岳は札幌近郊に数ある家族向け登山の中でもその代表格だ。万計沼、真《ま》簾沼《みすぬま》を経由する変化のある夏道は飽きさせないし、体力があれば札幌岳へ縦走もできる。ラルマナイ川を詰めると空沼《からぬま》が源頭となる。技術的には易しいが、最後の読図が初級者には難しい。薮漕ぎもしっかりあるから、体力派向きのルートといえる。

DATA
2006／7／22　5：24◎370三 俣～11：40源 頭～12：30◎1170稜 線～13：14山頂14：09～17：00夏道登山口

MEMBER
みなちゃん、洋ちゃん、グチパパ、山ちゃん、gan

MAP
空沼岳

LEVEL　★☆

真実

『山谷』によるとラルマナイ川からのルートには滝もほとんどないという。いや、ちょっと待てよ、と白水社の『日本登山大系』を紐解いてみる。「クリーム色の滝や小滝が連続する爽快な沢」と書いてある。さてどちらが真実なのかこの目で確かめる必要があるなあ、と週末の予定が決まっていく。地図を見ると空沼《からぬま》手前が平坦な地形だから、分岐の選択に迷うかもしれない。最後の薮漕ぎに時間がかかりそうなのも想像の範疇だ。下山に夏道を使えるのは有難い。天気予報は余りよくない。午前中は雨の予報だが、雨量が時間当たり1㎜だから増水の心配はないだろう。

真駒内にある開発局駐車場には前夜函館を出てきたという**グチパパ**が先着している。下山に備えて**グチパパ**の車を登山口に置いて戻ると**山ちゃん**、**洋ちゃん**、**みなちゃん**が足元の準備に忙しい。寒さは全く感じない。何とか天気も持ちそうな気配だ。

お、なかなかいいじゃないか！とこの先に期待感が高まる

易しい滝は初級者には丁度よい

ラルマナイ川〜空沼岳

札幌市
南区
空沼岳登山口
370三股
林道状態は良好
しばらくは単調な歩き
460二股
ラルマナイ川
恵庭市
厚別川
漁川
金山沢

湯の沢川も是非
遡行してほしい
湯の沢川
万計沢川
万計山荘
空沼小屋
万計沼
真簾沼《まみす》
札幌岳へ向う
縦走路
空沼岳
1251m
この辺りは平坦な分岐
が多く迷い易い
735で林道が
横切る
600分岐は
水量同じ
短いがきつい
薮こぎだ
右岸に目立つ
岩壁がある
635で廃道に近い
林道が横切る
空沼
N
0 500 1000m
国土地理院2万5千図の70%

暗示

真駒内から支笏湖へ向かう国道を行き、恵庭からの道道が左から合流する地点から右の林道を行く。ラルマナイ川に掛かる橋に山水橋と標識があるからすぐわかる。林道入り口にはゲートがある。だるま状の鍵が付いているが、誰が入ったのか鍵は開いている。快適な林道だ。始め左岸を進み、右岸に渡ってから先の橋が370の三股となる。国道から2・5㎞ほどだから歩いても三十分もあればよい。

三股の左が空沼《からぬま》への沢となる。沢幅は10mといったところだ。単調な歩きが続くが初めての沢だからそれだけで私には十分満足できるのだ。今日の行程は長い。ゆっくりした歩みがそれを暗示していた。

六時十分、415で砂防ダムが出てくる。435で1mの小滝の下に幅5mの釜が初めて現れる。それにしても蚊がうっとおしい。全員が適当に蚊避けの工夫をしているがさっぱり効果がない。私も買ったばかりの木酢液を付けてみたがお金を捨てたようなものだ。

きのこ

445で8mの滝下は二段の釜になっている。その上からも短いながら小滝とゴルジュが実に美しい。おお、なかなかいいじゃないか、とこの先への期待感が広がり出す。460二股は水量が一対三と本流の右が遥かに多い。すぐ上で林道が横切る。七時十六分525で赤い岩盤の2mの小滝の下の釜が青々しい水を湛えて、刺激的な魅力に溢れる。

すぐにまた赤い岩盤の3mの小滝が待つ。その上の倒木には黄色のタモギダケがてんこ盛り状態であるのを見逃すわけにはいかない。裏には何と椎茸まであるが残念な

空沼《からぬま》で聞こえるのは風と鳥の鳴き声と微かな波音

がら硬くて食用には遅すぎる。

赤い岩盤のナメが続く。七時五十分から十分の小休止だ。小雨の予報もその予兆すら感じさせない。遡行には十分過ぎる気温と空の明るさだ。その間にも首やら背中やらアチコチ服の上からも蚊が襲う。沢三度目の**みなちゃん**はベテラン四人に囲まれてその緊張感が歩みにも表情にも見て取れる。６００分岐の左右の水量が同じなのは読図の通りだ。６３５で廃道同然の道が横切る。６６５で左から枝沢が入ると６９５で一枚岩盤の上を５０ｍのナメが何とも気持ちよい。時折姿を見せるカワガラスが先へ先へと初めての遡行者を先導してくれるのは有難い。

想像

白い岩盤のナメ滝が出てくると、九時に７３５で立派な林道下の筒の中を沢は流れる。この中を他四名は歩いているが、私は林道状態を確認するため、あえて乗り越える。３７０三股から続いている林道のようだ。７４５で二つ目の砂防ダムがある。「昭和六三年ラルマナイ沢谷止め」と金属製の板がはめ込まれているのを手帳に書き留める。７７０で幅５０ｍ、高さ３０ｍの右岸の岩壁が際立つ。すぐに３０ｍの茶色い岩盤のナメが始まり、遡行の喜びをフツフツと感じるところだ。

ここから先は石で埋まっている。『日本登山大系』の著者が歩いた頃にはさぞや美しい流れであったことは想像に難くない。８３０で１０ｍの緩い傾斜の滝だが、表面にはびっしりと苔が生えている景観には息をのむばかりだ。８６０の５ｍの滝も表面を苔が埋め尽くす。そろそろ傾斜がゼロに近づき読図に気を遣い出す。目線の先に空沼岳から漁岳へ続く南へ延びる稜線が映る。最後の薮漕ぎが辛そうだ。

空沼《からぬま》を下に見ながら藪を漕ぐ

空沼《からぬま》

沢は小川歩きの様相を呈する。８７０で左から枝沢が入ると９０５二股はすぐ上で合流する。全員が地図を取り出し、ああだこうだと自分の判断を主張するのが何とも愉快だ。だから**グチパパ**達の持っているＧＰＳは最後の最後の手段に過ぎない。９１０、９２５のどちらも水量が同じ分岐は左、右と選択する。小さいながらも苔生した石が多く、それがまた一興となる。左に見える１０１８のポコが何よりの目印となり、ルートの間違いないのを確信する。

１０１５分岐は左、次も左と進むと突然前方が開けてくる。十一時十五分初めて出合った空沼《からぬま》は静寂そのものだ。鳥の鳴き声と草木を揺らす風の音、岸に押し寄せる微かな波音だけが沼の全てを支配していた。

抜け殻

奥行き２００ｍ、幅１００ｍ程の沼は遠浅で下は砂地のようだ。物言わぬ森林に囲まれた沼には過去どれほどの足跡が刻まれたことだろう。青空が水面に反射して清々しさを一層増幅させている。岸の草や水面には無数のやごの抜け殻があって、手付かずの自然があることを何より物語る。周囲を見渡してもここからの沢形が見つからない。

十一時二十二分、一旦きた沢を戻り一つ目の分岐から右沢を上がるとすぐに湧き水となり沢形は尽きる。少し下って１０１５の右沢に小さく乗っ越す。そこもほどなく湧き水となる。十一時四十分右寄りの沢形を適当に登ることに決める。下から見たよりも藪漕ぎとしては楽な部類だ。沼が少しづつ見え出して元気をくれる。十二時三十分１１７０の稜線に上がる。予想を越えていたのはそこからの藪漕ぎだった。

開けた山頂はすっきりしている。左奥に狭薄山が見える。

弱音

疲れ切った体には厳しいものだった。**みなちゃん**も弱音こそ吐かないが、難敵な這い松を迎えて精魂尽き果てる寸前のように見えた。山頂とは標高もそれほど違わない筈だが、その姿をなかなか見せない。先頭を行く私が後続を待つ場面が多くなる。踏み跡を見付けてからの平坦な歩きが長く感じる。

入渓してから七時間五十分後の十三時十四分やっと空沼岳の山頂に着く。ところどころ雲はあるが、札幌の街並みを眼下に捉える。天ぷらそばには収穫したきのこが入った。腹も満たして昼寝をしたくて仕方ない。山頂で一緒した四人組の登山者の一人がＨＹＭＬの会員で挨拶をする。

夏道を歩くのは落ち着かない。相当の沢中毒になっているのは自覚している。登山口に着いた時、家族連れが釣りをしている。子供の持ったバケツの中の中指ほどの新子やまべには、この先どんな運命が待っているのか気になっていた。

おまけ

一日いっぱいの行動になるから朝六時には入渓したい。遡行自体は★のレベルだが、読図力と体力が要る分☆が付く。静かな空沼《からぬま》を味わうだけでも価値ある遡行になるだろう。

迫力ある釜と滝が連続する

DATA

2006／10／1　8：22◎720入渓～12：16◎1160藪突入～13：06山頂13：55～漁川～15：27◎730右岸林道P

MEMBER

山ちゃん、洋ちゃん、廣川さん、gan

MAP

札幌岳・漁岳・恵庭岳

LEVEL　★☆

漁《いざり》入《いり》沢《ざわ》から漁《いざり》岳《だけ》 1318m

漁岳に夏道はないから、その頂は積雪季か夏の沢から登ることになる。豊平川の支流である漁入沢はあまり遡行する人はいないが、私の知る限り札幌近郊の沢の中でも秀逸の一つに間違いない。小滝や釜が連続し、その渓流美には感激感動の連続だ。配車の問題はあるが贅沢な沢縦走を是非お勧めしたい。

無粋

始めに結論を書くのも無粋なものだが、漁入沢の変化に富んだ面白さは白水川や発寒川に優るとも劣らぬものだ。いや、見方によっては札幌近郊で一番と言っても大袈裟ではないかもしれない。今から十数年前に一度やってはいるが、手帳を紛失したので詳細な記録は残っていない。随分長い歩きだったのと最後の藪漕ぎに苦労したのを覚えている。今回は漁岳から漁川への沢縦走を試みる。

前夜ニセコの山荘で深酒をしたのがいけなかったか、目覚めたら五時過ぎだ。皆の呑みっぷりを見ていたら始めから三時起床は眼中にない。いつものように真っ先に酔いつぶれた廣川さんの運転で六時前には出発する。羊蹄山の裾野周辺に雲海がかかり、まるで墨絵の世界を見ているようだ。定山渓トンネル手前から720の入渓地点までは距離にすると20㎞、言葉にするのは難しいが地図を見ながら林道を一時間近く走

余りの面白さに万歳!!

漁入沢〜漁岳

定山渓トンネル先の林道
から20km走る
720入渓地点
760分岐
滝と釜のゾクゾクする
第一の核心部
820分岐
漁入沢川
1005二股
稜線まで交代で40分
の藪こぎとなる
エキサイティングな小滝、
小釜の連続だ
漁岳
1318m
小漁沢川
小漁山
1235m
1128m峰
N
0
500
1000m
国土地理院2万5千図の70%

色付き出した紅葉の中を歩くのは最高の気分

る。昨日の狭薄沢下降で怪我をした栗さんが遡行を諦め、下山口の漁川へ車を回してくれることになる。

栄養剤

橋の上から右足を引きずる栗さんがどんな思いで我々を見送ってくれているのか。いつまでも手を振り続けているのを見るのは辛い。天気は上々だ。幅１０ｍ程の川原で紅葉正に真っ盛りの右岸左岸の木々に昇り始めた朝陽が差し込む。そのカラフルな絵模様が前日の疲れた心と体の栄養剤となる。

７５０手前から右岸に３０ｍの崖が出てくる。切り立った景観が味わい深い。深い瀞《とろ》で**洋ちゃん**が３０㎝の岩魚を見るが魚影は薄い沢だ。７６０で左から１０ｍ弱の階段状の滝が落ち込む。この先から始まる核心部は私の無くした記憶を遥かに越えていた。

すぐに１ｍと８ｍの二段の滝が幅１０ｍの深い釜を持って現れる。苔生した石が周囲を取り囲み幽玄あふれる雰囲気に圧倒される。右から上がると１０ｍの緩い滝が１０ｍの釜を持って続く。「え～何だなんだ～ヤッホー」嬌声を発しながら秘密の宝物を見つけた気分になっていた。２ｍの小滝だが下にも同じ幅の釜を持ち、すぐにまた小滝と釜が連続する。釜の底は見えない。緑色とも群青色ともつかぬ怪しい色に思わず引きずり込まれそうになる。

７８０で瀞がある。７８５の瀞は真上に倒木がかかる。７９０の逆Ｔ字の瀞は先がナメになって左から巻く。断続的に現れる瀞が更に興奮状態に陥れる。速足の**山ちゃん**、**洋ちゃん**を待たす場面が続く。私はメモ取りに、**廣川さん**は写真撮影で時間がかかる。絶好のポイントが多すぎるのも困ったものだ。

二段の小滝に思わず見とれてしまう

アドバイス

瀬が続く中の所々に瀞が入る。誰に言っている訳ではないが、あ
あ、何と素晴らしい沢なんだ、と一人静かにしゃべり続ける。以前の記憶を喪失している自分を恥じ入る。九時四十分、８２０二股に着く。水量は若干右が多い。十五分休憩して左へ進む。ここから源頭まで第二の核心部が延々と続く。難しいところは全くない。小滝小釜、ナメ、苔だらけの岩が休みなく目前に展開する。蝦蟇沢も綺麗な沢だが、こちらの方が明るい沢だ。

８３０で幅１ｍ高さ５ｍの滝が出てくる。下には大きな釜を持つが林道工事の名残なのか金属性の長い管が釜に首を突っ込んでいる。８４０でナメが出てくると右に曲がって３０ｍのナメ滝が続く。８５５で１０ｍの釜の上には下がナメ、上がゴルジュのような２０ｍの滝がある。９１５の釜の上には１０ｍの滑り台のようなゴルジュの滝だ。

９３５から小滝小釜のセットが四つも続くと私の頭には既に思考能力が残っていない。９６０では１０ｍの釜の先で１００ｍものナメと小滝だ。正直に言えば一つ一つの変化を書いていたらそれだけで誌面の大半を占めそうだ。一瞬たりとも飽きるときがない。石の上の数多の落ち葉が私に少しは休めとアドバイスしてくれた。

ドラエモン

十一時十六分、釜を持った３０ｍの滝は楽に登れる。１００５で
二股になる。左右から５ｍ、１０ｍの階段状の滝が合流して小釜に落ちる。今まで二股は数限りなく見てきたが、惚れ惚れする中の一つだろうか。休憩中に**廣川さん**のザックから次々とお菓子が出てきて、ドラエモンの名に恥じない活

1005で二つの沢が合流する下は釜になる

躍ぶりだ。右沢に入ってからも素晴らしい渓流は変わらない。小滝小釜の途中からは山頂から北へ延びる稜線が見える。

1110で枝沢が右から入る先の1115二股は一瞬迷うがすぐ先で合流する。1120で伏流になり水を汲む。十二時五分、1125の枯れ二股で躊躇する。本流は左とみるが山頂へ近いのは右となる。古いピンクテープが右にある。原則ピンクテープは特に沢では信用してはいけない。それが正しいかどうかは付けた本人にしかわからない。あくまで自分で読図をして判断する。だから沢は初心者だけでは絶対行ってはいけないのだ。夏道登山とははっきり別の遊びだと思わなければいけない。

右に入って1160で沢は尽き薮漕ぎに突入だ。標高差で160mほどだが四人で交代しながらだから楽なものだ。笹が多かったが結果這い松帯を上手く避けられた。

心持ち右上に登った積もりだったが山頂北の稜線に四十分で上がる。更に十五分歩いて頂に立つ。

一つ覚え

空には雲が出てきたがオコタンペ湖の青さが印象的だ。微風だから寒くはない。運転手を除いて登頂をビールで祝う。もっと濃いのを持参すればと反省するが下山もあるから妥当なところか。釜揚げうどんを山頂でするのは初めてとなる。昨夜も同じだったから馬鹿の一つ覚えというやつだ。ワカメと小揚げも一緒に茹でる。薬味は長葱と生姜と唐辛子に納豆が当然入る。一人200gが消化されると廣川さんからオレンジが出てくる。ザックの中身の半分は食べ物なんだろうと最近は妙に納得している。

山頂からの眺望は抜群だ。手前にオコタンペ湖、奥に支笏湖が見える。

車を置いた漁川右岸林道までは丁度一時間半で着く。国道脇の漁川出合いには栗さんが回してくれた車が置いてある。北見へ向かっている栗さんに山頂からメールを出しておいたら返事が届く。「早く治すからまた付き合ってね。今十勝清水」。いやいやゆっくり直していいよ、暫くは配車係りに専念してね、との車中の会話はここだけにしておこうかな。

おまけ

難易度は★で十分だが最後の薮漕ぎ分が☆となる。これほど遡行する価値ある沢を一部の愛好家だけで楽しむのはもったいない。

分岐の度に地図での確認は怠れない

DATA
2006／8／20　6：35大沢出合い〜11：06◎1045北尾根夏道〜11：22山頂11：27〜11：45◎995大休憩12：40〜13：49大沢出合い

MEMBER
YOSHIOさん、廣川さん、雄助さん、みなちゃん、青木さん、gan

MAP
樽前山・風不死岳

LEVEL　★

大沢から風不死岳《ふっぷしだけ》 1103m

支笏湖を見下ろす風不死岳は
側の樽前山と並んでファミリー登山に人気のある山だ。
夏道は樽前ヒュッテ前からと、支笏湖側からの北尾根がある。
大沢は原始性あふれる歩きが楽しめる隠れた名ルートだ。
伏流から徐々に流れが現れ、最後は草藪を漕ぐ。
晴れた時の雄大な眺めに誰もが満足するだろう。

日高山脈ファンクラブが主催して幌尻山荘のウンコ下ろしを行っている。私もささやかながら手弁当で毎年参加しているが、

樽前ヒュッテ

八月一九日がその日だった。生憎の荒天で延期になったが、翌日の支笏湖周辺の天気はまずまずの予報だ。参加予定だったメンバーに風不死岳の大沢ルートを提案すると、全員から遡行したいとのメールが入る。大沢は数年前にＨＹＭＬのオフミで登ったことがある。ｉｚｕｍｉ・ｉｄａさんがリーダーになり、私がサブリーダーを仰せつかった。読図が難しかったのと、結構な草藪のトラバースが記憶の底に眠っている。独活《うど》畑がそこかしこで、目移りして仕方がなかった。

十九時前に樽前ヒュッテに着くと戸が開かない。暫くして二階の窓から管理人のＫさんが顔を出す。以前は常駐していたが、今日は用事でたまたま来ていただけらしい。

大沢～風不死岳
支笏湖
涸れ沢が続く
しっかり整備された
北尾根ルート
大滝、小滝の
核心部
通称楓沢は苔の洞門の
何倍もの迫力がある
草薮こぎ地帯
風不死岳
1103m
樽前山
1041m
N
0 500 1000m
国土地理院2万5千図の70%

自己確保を取り、後続者をザイルで引き上げる

今までのように気軽に立ち寄ることはできないということだ。何処の市町村も財政難だからそれはそれで受け入れるしかないが、登山者にとっては残念なことだ。

テントは持参していない。札幌に戻るのも面倒で、白老にある私の実家へ向かう。老いた両親には既に就寝の時間だ。

饒舌

茶の間に新聞紙を敷いて遅い宴会は二十時前にスタートする。宴会メニューは納豆ざるそば、キムチ、らっきょう、おでんと簡単なものだ。私には当たり前の納豆そばも**雄助さん**にはえらく新鮮に映ったらしい。ウイスキーの差し入れもあって、二十二時の就寝時間を守ったのは**雄助さん**だけだ。朴訥な語りの**YOSHIOさん**が饒舌になっているのは酔いが相当回った証拠だ。コロコロと笑い転げる**みなちゃん**にはワインが効いてきたのか。宴会リーダー**青木さん**の「ウイスキー空けるゾー」宣言で二十三時にはシュラフに包まる。

起きたら小雨とも霧ともつかぬ予想外の空模様だ。車のワイパーのせわしない動きが気持ちを更に滅入らせる。**廣川さん**と合流すべく樽前林道入口へと向かう。

前向き

モーラップ駐車場で全員が顔を揃えると雨脚は一層速くなる。正直私は中止しようと思っていたが、素直に同意しそうだったのは**青木さん**と**廣川さん**位だ。**YOSHIOさん**は遡行意欲満々にヘルメットを被り、いつでも出発できる態勢だ。**雄助さん**も足もとの準備に余念がない。その一番弟子の**みなちゃん**は師匠の姿勢を見習うだけだ。

喉まで出かかった「中止！」をぐっと呑み込む。幸い沢の距離は短く、流域面積も

垂直に近い滝は登れない。右のルンゼも楽ではない。

北尾根ルートに出れば山頂まではすぐだ

知れているから、この程度の雨なら増水の心配もない。

美笛峠へ向かう国道の大沢橋を越えた先400mほどから左へ入る林道が入口だ。奥には大沢登山口の看板もある。雨合羽を着るかどうかで迷うが、そのままで行く。十分も歩かず砂防ダムを越える。暫くは伏流になり、涸れ沢なのが大沢の特徴となる。四十分歩いた辺りから少しずつ流れが現れる。濡れた草木で先頭を行く私の体はぐしょぐしょだ。蒸し暑さは変わらず、更に頭から何度も水を被る。

濃密

450で小滝らしきものが初めて現れる。七時三十二分、485で2m、3mの二段の滝が続く。3mには設置ザイルもあるが、使う程ではない。520で両岸が切り立った崖に着く。高さは30mあるだろう。崖の間を10mの滝が落ち込む。宗教の世界を思わせる神秘に満ちた空気に包まれ、身震いが止まらない。

流木で作った梯子が立て掛けてあり、使わせて貰うが滑りやすくて気が抜けない。535で5mの直登不能の滝の落ち口を丁度滝幅程の岩が塞ぎ、脇から滝が流れ落ちる。左から巻いて枝尾根へ30m上がるが、ここも急斜面で落石が怖い。一人ずつ間隔を空けるから時間がかかる。枝尾根の右下には更に10mの滝が見え隠れする。トラバース気味に尾根を行き、まとめて二つの滝を高巻く。時間の経過を忘れるほどの濃密な遡行が続く。610分岐は左に明瞭な流れがあるが、右は涸れ沢になって開けている。

ルンゼ

右を行くのが夏道に上がる近道だろうが、それならこの沢の面白さを途中で断念するようなものだ。左の沢を選ぶと615で高さ10m、滝幅

この時は使わなかったが楓沢の下りは正に苔の洞門を思わせる。登りも下りも相当な技術と読図力が必要なルートだ

ツエルトを張ってラーメンで暖をとる

１ｍのすだれ状の美しい滝がある。直登はできない。右のルンゼにはザイルが数本設置してあるが、ほとんど垂直のような登りだ。ここも落石が怖い。結果一個青木さんに当たるが軽傷で済んだ。私が先行して上がると、ＹＯＳＨＩＯさんが腕力を効かせて後に続く。私のザイルを出して後続者を引き上げるのに三十分はかかったろうか。実質沢歩きはここで終わる。この先からは読図と草藪漕ぎが待っている。

大木

ある意味大沢ルートのマニア的面白さはいかに山頂近くまで沢形を辿ってから夏道に抜けるかだ。間違えば絶壁に当たってしまう。かと言って早くから右上へ向けて藪のトラバースで抜けるのはルート取りの面白さを奪ってしまう。７００手前から沢地形は扇状に広がる。所々にテープはあるが、一貫性に欠けるから信頼できない。

草の多くは大木になった独活の畑だ。地味な色の打ち上げ花火が穂の先にあるが、食べ頃には程遠い。ガスがかかって視界は効かない。少し歩いては読図を繰り返すが、基本的には右寄りに進路を取る。ガレ場を探して繋いで行くが、迷ったら右へ適当にトラバースすれば夏道に出合う。もう蒸し暑さは感じていない。濡れた体は長い休みを拒否している。支尾根の出っ張りが左右に二本出てくる。左の手前には目立つ白樺の木が二本ある。左右の間を進むと９６０でガレ沢が続き、落石に注意が要る。

会心

十時五十三分、１０２５で涸れ分岐に当たる。右は１０ｍの岩壁で行き止まる。標高からすると山頂は近い。左を行けば山頂下の絶壁に当たりそうな予感がする。右の岩壁をその右から巻いて上がり、藪漕ぎに入る。僅か十分あるかない

晴れていれば山頂からは恵庭岳がすぐ目の前だ

かで１０４５の夏道に上がる。会心のルート取りに内心嬉しくてしょうがない。山頂もガスに煙る。細かい水滴がヘルメットから滴り落ちる。

そそくさと記念撮影を済ませて９９５まで下がり休憩に入る。**青木さん**持参のツエルトを天井代わりに張ると何とあずましいことか。ワカメと小揚げ入りのカレーラーメンはいつもにも増して好評だ。私は納豆入りにしてみるが、流石に余り美味しくない。

いつもはリーダー役での登山が多い**雄助さん**も、気楽な登山に頬が緩みっぱなしだ。**廣川さん**のザックからは次々と予測不能な菓子やら果物やらが飛び出してくる。

９９５から僅か一時間で夏道は林道に出る。そこから十分で国道に着くと大沢登山口までは１００ｍだ。モーラップ駐車場で着替えを済ませる。一泊二日の参加費八百円を払った沢屋達はそれぞれの家路に着くが、満足感はその十倍にはなっていただろう。

おまけ

異次元の世界に入ったような不思議な感覚を抱かせる沢だ。復路で最も面白いのは樽前山との中間からの楓沢だ。苔の洞門を思わせる苔生した岩壁の涸れ沢には誰もが驚愕する。経験者向きで安易に使う沢ではない。下山に四時間前後は見ておきたい。

巨大な砂防ダムを思わせる滝が出現

DATA
2006／10／14　6：38◎695林道P～10：30◎1060藪漕ぎ～10：47◎山頂
11：50～14：50◎695林道P
MEMBER
山ちゃん、gan
MAP
漁岳
LEVEL　★

豊平川本流から1128m峰

札幌市中心部を南北に突き抜ける母なる川、豊平川の源流部は何処だろう。
小漁岳の南にその源頭があるが、そこまで遡行した人は稀だ。
予想もしない迫力あるナメの連続にはド肝を抜かれる。
1128m峰は小漁岳からフレ岳へ連なる途中のポコに過ぎないが、
そこから見るオコタンペ湖や小沼の美しさには目を見張る。
探検家の気分を味わえる素晴らしい遡行になるだろう。

薄氷

豊平川の源流をいつか歩いてみたいと思っていた。国土地理院の2万5千図を広げると小漁岳の南にその源を見ることができる。行けそうでなかなか行けないのはその長い林道に拠るところも大きい。三人以上なら山ちゃんの車を使うが、二人なら私のカローラで十分だ。当初は稜線を乗っ越してオコタンペ湖へ抜ける計画だったが、車の回収に時間がかかるので断念した。

定山渓トンネルを抜けて300m程先で左への林道を取る。直進を続けて始めに渡る橋のすぐ先から右へ入る林道を行く。後の分岐は左左と取れば良い。林道は予想以上に良好だ。国道からほぼ一時間、23・5㎞で橋を渡る下が豊平川本流となる。この秋一番の強烈な冷え込みは水溜りが薄氷になっていることで理解できる。遡行の準備をしながら体に震えがきて、手がかじかんで仕方ない。こんな時季まで沢歩きする確固

札幌市
南区
定山渓トンネル先からは
この林道を23.5km走る
695入渓地点
この間絶え間なくナメが現れる
砂防ダムを
思わせる滝
755分岐
855分岐
小漁岳
1235m
20分余り
の薮こぎ
源頭部
1128m峰
フレ岳
1046m
豊平川本流〜1128m峰
0
500
1000m
国土地理院2万5千図の70%
※P28、29の漁川〜漁岳の地図も
ご参照ください

たる理由でもあるのだろうか。下界に居るのが落ち着かないのさ、との陰口を誉め言葉と思う程おめでたいのが誰かは詮索しない。

水量は思ったより多そうだ。沢に降りると石には氷が張り付いている。おっかなびっくり歩き出す。向かいの右岸に林道らしきものが見えて、一旦引き返す。橋の先から右岸へ林道が入るが、悪路を考え300m走って再び駐車する。

人間失格

更に林道は続いているが、十分歩いた先で山側へ反れるところから枝沢を使って695の本流へ降りる。天気は上々で申し分ないが、足先にツーンとした痛みを感じる。落ち葉の上にも霜が降りている。石の黒光が水なのか氷なのか瞬時に判別できない。

それは突然のことだった。本流を歩き出して十分も経っていない。巨大な砂防ダムを思わせる縦5m、横15m程の滝が現れる。右には巨木が寄りかかる。高さこそ平凡なものだが、これほど重厚な滝はそうそうにはお目にかかれない。左から巻いて上がった時だ。頭をハンマーで殴られたような衝撃だった。沢幅20m一杯のナメが一〇〇パーセントの視界を占有した。それが50m続いている。

ヒタヒタっと忍者が足を忍ばせて通り過ぎて行くのがわかる。札幌近郊の沢でこんな光景があることに、無上の喜びを感じないとしたら私は人間失格だろう。私と山ちゃんはただ「あ〜!」「う〜ん」「何だこりゃ……」と貧困な言葉を発し続ける。

つがい

すぐの左岸にはスラブ状の30mの崖がある。704二股を右に入れば興奮度合いは最高潮となる。幅10mから15mのナメが300m以上

まるで忍者が通り過ぎて行くような
ヒタヒタした流れた

は続く。水嵩は足首あるかないかのせせらぎだ。一枚岩盤には真緑色の水草が優雅に泳ぐ。黒っぽいカワガラスのつがいが忙しげに水先案内をかってくれる。

７１０で３０ｍ、一呼吸おいてから５０ｍが、７２０では４０ｍのナメが出ては下流へ消えて行く。黒い水苔が足裏を優しくなでるように支えてくれる。ミニなどとは敢えて言うまい。トムラウシ山へ向かうクワゥンナイ川そのものが札幌近郊にもあったのを私が知らなかっただけなのだ。７４５からは更に１５０ｍのナメが沢屋の遊び相手になってくれる。八時十分、７５５分岐は水量が一対一だ。左には苔がびっしりと生えたナメが１００ｍは続いている。

右に進むと２００ｍが左に負けじと対抗する。７９０で第二の砂防ダムを思わせる小滝が出てくる。高さこそ２ｍに満たないが幅８ｍのがっしりとした滝だ。浅い釜を持つ３ｍの滝も出てきて、先で１００ｍのナメが続く。最後は緩いナメ滝となる。いつのまにか水の冷たさも忘れていた。

哀歓

九時二十分になっていた。二時間半も歩いていながら稼いだ高度は僅か１６０ｍに過ぎない。８５５分岐でさて今日はどうしようかと問い掛ける。小漁岳へ行くには最後の藪漕ぎが大変そうだ。左を取って１１２８ｍ峰にするか、右を選んでオコタンペ湖へ抜けるコルに上がるかの選択となる。無名でもいい。三角点マニアでもない。でもせっかくだから峰には立ちたい。左沢と決めるまで五分位は疲弊しつつある脳味噌を働かせていた。

あれだけ晴れていた空だが、雲が広がりだしている。小さい沢ながら苔生した渓相

豊平川の源頭。ここの一滴一滴が集まって札幌市民の喉を潤す

はなかなかな味わいだ。

９２０から見上げる先には１１２８ｍ峰の素朴な姿を確認できる。９４５二股を右に取ると、１０１０で６、７ｍの一条の滝が繊細な流れを見せる。１０３５で水を汲むと１０４５で豊平川の最深部の源頭となる。ここの一滴一滴が集まって１８０万都市札幌の命を支えている。哀歓にも似た感情がこみ上げてくる。

素直に詰めると１１２８ｍ峰の北のコルに上がるが、１０６０で右手の藪を直登する。酷い藪漕ぎを何度も経験している強みだろうか。きつい思いもしないで二十分余りで１１２８ｍ峰の細い山頂に着く。

収穫

漁岳は雲の中だが、小漁山は恥じらい気味の姿を見せる。支笏湖、オコタンぺ湖、南東稜線下の小沼をすっきりと眼下に捉える。体力とちょっぴりの好奇心を持った者だけがこの無形な宝石を掌中にすることができる。栗さんがきてくれたら、車の回送を頼んでオコタンぺ湖への縦走ができたのに、との二人の会話は北見まで届いてくれたろうか。贅沢な沢を幾らやっても人間の欲望は果てしないものだ。

もっとも遡行が余りにも魅力的だったから、本当はそれだけでもう望むものは何もない。

釜揚げうどんの５００ｇは二人の胃袋を十分満たした。とろろ昆布をつけ汁に入れると更に旨味が増すとわかったのも今日の収穫だった。復路は南の藪を漕いで８５５の右沢を使う。車のある林道までは丁度三時間で辿り着く。西に大きく傾いた太陽が疲れた二人に降り注ぎ、着替えの寒さから少しは救ってくれる。助手席でうとうとす

山頂からはオコタンペ湖と、その奥に恵庭岳が見える

る**山ちゃん**のナビはもう必要なかったが、私には明日の日高の天気が気になって仕方なかった。

855分岐からの左沢もなかなか粋だ

おまけ

855分岐までの往復だけでも沢の魅力を味わうには十分だ。技術的には初級者でも全く問題はない。

この橋脇から入渓する。国道から3.5km

DATA
2002／8／14〜15　12：00◎195入渓〜17：30◎900幕営5：02〜6：10薮突入〜7：05山頂8：10〜9：45幕営地点10：20〜17：30◎195
MEMBER
gan
MAP
余別
LEVEL　★☆

幌《ほろ》内《ない》府《ふ》川《がわ》から余《よ》別《べつ》岳《だけ》 1298m

積丹半島では最高峰の山だ。積丹岳と並んで盟主的な存在感がある。夏道がないから残雪季に積丹岳から稜線伝いに登るのが一般的だ。沢からのルートは数本あるがどれも経験者向きとなる。人跡の少ない原始性あふれる遡行を味わえる沢だが日帰りはきつい。

一人寝

　積丹岳からの稜線から登ったことはあったが沢からの余別岳は経験がなかった。『山谷』の本を開けば幌内府川からが私の実力では丁度いいだろうと判断する。単独行だから緊張しながらの遡行になるのは目に見えている。転勤で室蘭に住んでいた私は前夜深酒をしてしまった。起きたのは六時に近い。慌てて準備をして社宅を出たのは八時を過ぎる。豊浦から昆布へ抜けて新見峠経由で岩内に着く。買い物をして幌内府川までは更に一時間かかる。

　幌府内川左岸林道を3・5km入った橋から入渓する。長い歩きになりそうだから荷物は極力軽くしたい。テントを止めてツエルトにする。命の次に大切なビールの量は抑えたが、ウイスキーを500mℓ持ったから一人寝の寂しさを紛らわすには十分だろう。『山谷』では840のテン場まで六〜八時間かかるという。本の時間は私の経験ではか

岩に張り付いた苔の緑が鮮やかだ

なりシビアな設定だ。目標を六時間にして前半は休憩も写真を撮る時だけにする。羆避けの雄叫びを上げながら、伊《い》佐《さ》内川《ないがわ》を思わせる苔生した沢を延々と歩き続ける。490辺りまでは我慢我慢の歩みを覚悟するしかない。

高揚感

しかしそこから1000までがこの沢の凝縮した醍醐味が堪能できる。滝あり釜あり、おまけにナメが続いている。結構なへつりがある上に時に泳ぎを強いられるのが更なる興奮状態に私を誘い込む。530の左から入る沢は一見すると本流に近い豊富な水量だが、地図を見る限りそれ程の水量があるとは思えない。620の巨岩の滝は水流が左から流れ落ち、ザックがなければ右から何とか行けそうな空間がある。手前の右壁に活路を見出す。高巻いて突破したが復路は懸垂下降が必至のところだ。

巨岩の先から合計八箇所の滝と釜が連続している。完全に泳ぎが必要なのは二箇所の釜だ。高揚感は押さえようがない。胸まで浸かるのも気にはならない。ザックを担いで泳ぎ着き、水流の渦巻く滝の落ち口に取り付くのに楽しい苦労を重ねる。更に滝上に上がるのに腕力を必要とする。単独行を忘れている自分に気づく。沢のダイナミックさを誰かに叫んでいるのをはたから見ると何と滑稽なことか。藪のどこかで鹿か羆くらいは身を乗り出して聞いてくれているだろう。

780から赤い岩盤のナメが続く。900までは10mクラスの滝が数箇所あるが、巨岩を除けば大概は左から巻くことができる。

50付近の赤い岩盤は印象的だ

幌内府川〜余別岳

幌内府川
積丹町
単調な歩きが延々と続く
巨岩の滝
この間面白い滝、釜、そして泳ぎがある
900にツエルトを張る
余別岳
1298m
コルを乗っ越してから山頂へ向かう
N
0 500 1000m
国土地理院2万5千図の70%

中洲にツエルトを張るが、下はデコボコだった

五臓六腑

どちらにしても今日は途中で泊まる予定だ。６００、８４０にあるというテン場が結局わからない。８４０の屈曲点らしきものがそうだとすると、ビバーグもどきだ。夕暮れも迫ってくる中で今夜の宿が決まらない。ほとんど休憩も取らずにきたから疲労は頂点に近い。雨の心配のないのが有難かった。９００の石ころだらけの中洲でツエルトを広げる。復路で確認したら８７０の左岸なら三張りは可能だろうか。

貴重なビールを一気に飲み干す。清流で割ったウイスキーが五臓六腑に染み渡る。米を二合炊いた。秋刀魚の缶詰とらっきょうの地味な夕食だが、帝国ホテルのレストランより数段美味く感じるのは幸せなことだ。聞こえるのは沢の不規則な流れの音だ。疲れと睡眠不足はあるがデコボコの床で二、三時間ウトウトしただけで朝を迎える。残りのご飯を雑炊にして腹を満たす。

大群

天気は申し分ないが水は冷たい。不要な荷物はそのままにして軽いザックを背負って五時に山頂へアタック開始だ。１０００までは赤色の岩盤が続き、朝一番から充実した歩きが味わえる。９４０には４０ｍの滝があるが極めて容易に直登できる。

水が切れてからの１０３０涸れ分岐は右を取る。山頂直登は回避して南のコルへ向かう。沢形が暫く続くから有難い。六時十分藪突入となる。這い松や潅木を上から踏みつけるように歩くと幾分楽だ。一旦コルを少し乗っ越してから山頂へ向かう。この春にＨＹＭＬ仲間のグチパパと積丹岳から上がって以来の余別岳山頂は平坦で静寂に包まれていた。

雪を繋いで登るよりやっぱり沢から詰める充実感は比べようがない。まだ七時を回ったばかりだ。山頂に誰もいないのはわかっていたが、ブヨの大群に歓迎されたのには参ってしまう。それでも小一時間眺望を楽しんだ。帰途は適当に沢へ向かって強引に薮を漕ぐ。

お岩

テン場で荷物を回収し長い下山を開始する。巨岩のところは懸垂下降が必要だが支点探しで時間を食う。490からの平坦な川原歩きには疲れもあって辟易する。最後は戦意喪失寸前でのゴールとなる。200付近で親子の釣り師に遇ったのが二日間で唯一の人となる。それにしても魚影の濃さは半端でなかった。いつまでも幌内府川の魚たちが悠々自適に暮らして欲しいと素直に思う。

岩内のすし太郎で夕食代わりの回転すしを食べ、二時間の仮眠を取る。室蘭の社宅に着いたのは夜半を回っていた。無事の帰還祝いの宴もそこそこに服を着たままベッドに倒れこんだ。翌朝起きて鏡をみたらボコボコの二目と見られぬ顔がある。ブヨを恨んでも遅きに帰す。苗字が苗字だから「お岩」状態は仕方ないか。

おまけ
泳ぐ場面を除けば技術的にそれほど難しいところはないが距離が長い。総合的には★★に近い★☆のレベルになると思う。

林道入り口で身支度する。奥に黄金山が見える。

DATA
2006／7／1　7：23林道Ｐ～7：26◎190入渓～11：05◎500分岐～12：10◎635大休止12：55～17：08林道Ｐ
MEMBER
廣川さん、カトちゃん、洋ちゃん、gan
MAP
浜益・御料地
LEVEL　★

黄《こ》金《がね》沢《ざわ》から６３５ｍ

旧浜益村の黄金山はその突出した円錐状の山容が実に魅力的だ。
その東側を流れる黄金沢は頂に登るというよりも遡行そのものを楽しむ沢だ。
難しいところは全くない。
美しいナメと苔生した岩盤が続く渓流は期待を決して裏切らない。
騙されたと思って一度は行って欲しい。
感謝こそすれ後悔はしない筈だ。

勘弁

当初日高の沢の予定だったが天気予報は昼から雨だという。どこか手軽な沢を探すと黄金沢があった。以前標高５００ｍの分岐までＨＹＭＬ仲間と大勢で遡行したことがある。

増水だったこともあって途中の薮を整地してキャンプしたのがつい先日のことのようだ。今回はできれば１２１４ｍ峰まで詰めてみたいと思うが、沢歩きそのものが目的だから余り固執はしていない。

当別のコンビニで小樽からきた**カトちゃん**と合流する。天気は予報以上に良好だ。**洋ちゃん**に聞けば昨日の夕方の予報では日高も晴れだったという。今更行き先変更は勘弁だろう。青山経由で旧浜益村へ向かうが早朝なのもあって一台の車とすれ違っただけだ。

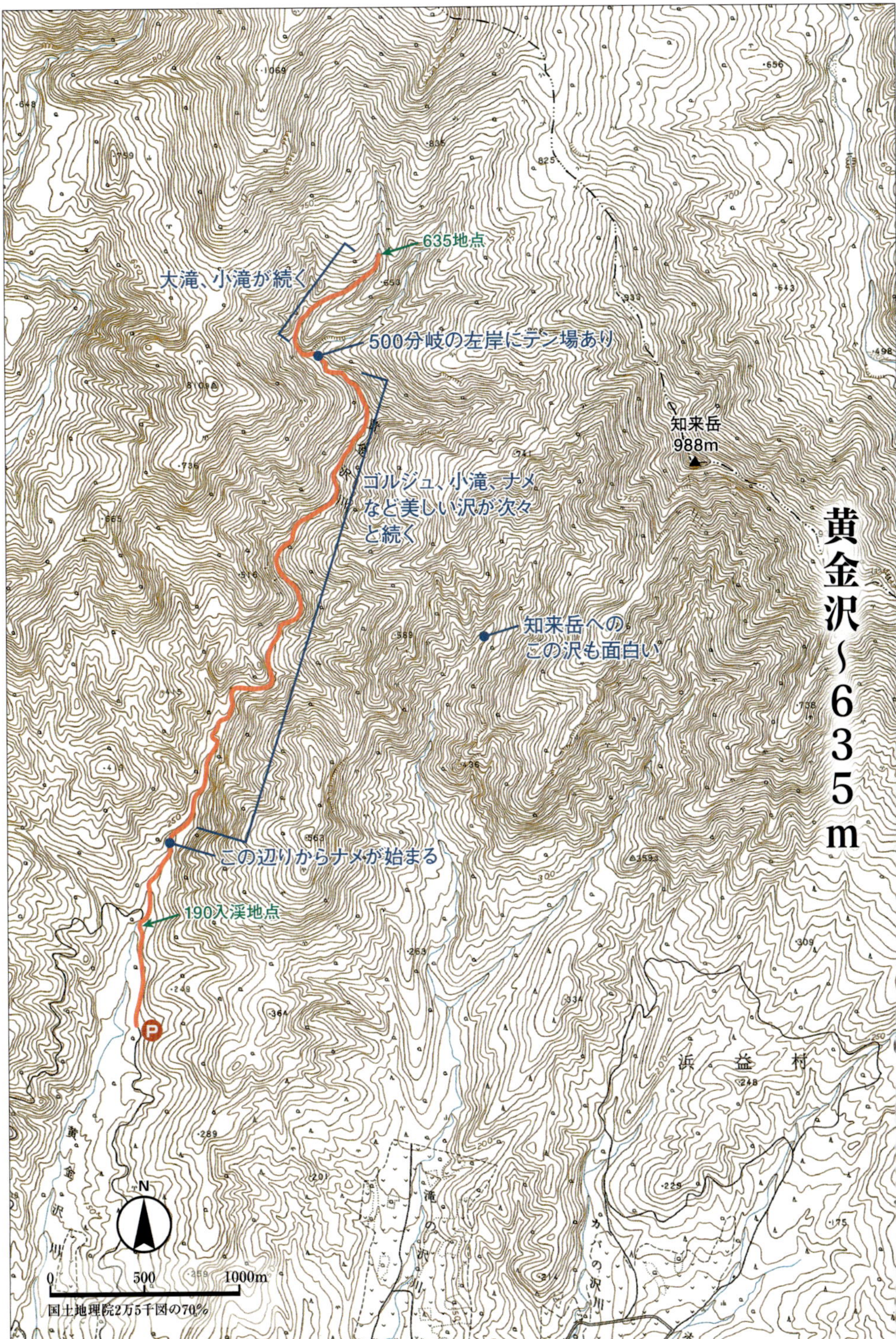
黄金沢～635m
635地点
大滝、小滝が続く
500分岐の左岸にテン場あり
知来岳
988m
ゴルジュ、小滝、ナメ
など美しい沢が次々
と続く
知来岳への
この沢も面白い
この辺りからナメが始まる
190入渓地点
浜益村
N
0 500 1000m
国土地理院2万5千図の70%

美しいナメが始まる

気遣い

旧浜益村手前の実田地区の小滝橋を過ぎて２、３㎞行くと右手に入る舗装道路がある。入り口上には黄金沢林道と印した立派な標識があり、入ってすぐ左には牧草刈りのための小屋がある。

車を停めて身支度を済ます。舗装道路はすぐに終わり、牧草地帯に入ると道というより轍に近い。見事なのはそこからの黄金山、群別岳、奥徳富山、少し離れた知来岳の連なる山並みだ。黄金山以外は全て沢から登っているが、どれもが原始性濃い面白い遡行が待っている。

牧場の先で道は十字路になり、右折するとしっかりした林道に戻る。カトちゃんの車は四輪駆動だが車高はそれほど高くはない。時々腹を擦るのは仕方がないが、それでも都度お尻を自然と持ち上げているのは持ち主へのささやかな気遣いなのだ。溝ができている箇所は運転手だけで慎重に通過する。国道から５㎞で道は決壊している。車を道の脇に停める。

左横には先鋭的な峰を持つ黄金山が凛として立ち尽くす。１９０の入渓地点までは歩いて五分もかからない。乱反射する太陽光線が水の冷たさに反発しているかのように見える。暫くは平凡な歩きが続く。厄介なのは滑りやすい苔だ。黒い苔が石を包み、磨り減った地下足袋には危険この上ない。おまけに白いゼリー状の物体が所々の石にへばり付く。

食傷

七時五十三分、２２５からいきなり１００ｍものナメが始まる。２４０で左から小沢が入ると本流は２ｍの小滝で右に九〇度曲がる。すぐに逆層の岩場

廣川さんに捕まえられたとんま？な岩魚

が出てくる。２５０で２０ｍ近いゴルジュに驚嘆の声が上がると２５５では２ｍ、１ｍの二段の小滝だ。

２６０で左からしっかりとした沢が入るとその先すぐに６ｍのがっしりとした幅広の滝が釜を持って待ち構える。この釜から大木が斜めに滝に寄りかかるのを横目に右から上がる。

２９０で長さ５ｍのゴルジュの小滝下の大釜は直径１０ｍはあるだろうか。更に２０ｍの函とゴルジュが現れると上には３０ｍはありそうな三段の滝だ。もうゴルジュも滝も食傷気味だあ、と贅沢極まりない声が聞こえてきそうだ。九時十分、３２０で右から枝沢が３３０でゴルジュの小滝が、３３５で１０ｍの釜持ちのゴルジュ滝、そこから先１００ｍ以上も更にゴルジュと滝が連続する。

十五分休憩する。私はメロンパンと納豆、珈琲を一緒に喉に押し込める。一点の曇もない空が広がる。時折聴き慣れない鳥の声が谷間に木霊する。こんな絶好な沢日和も滅多にはないだろう。

３５０で二股に見えた流れは上で一緒になっている。３７０でゴルジュの滝があり、次の３８０ではどっしりとした５ｍの滝が重厚感に溢れている。

とんま

３９５で先行する廣川さんが何やら浅瀬で捕まえている。岩魚の全てが俊敏だとは限らない。中には反射神経が鈍いのもいるだろう。廣川さんの手の平で１２、３㎝の岩魚が身を悶えている。捕まえた廣川さんが敏捷過ぎるのか、捕らえられた岩魚がとんまなだけなのか。どちらにしても沢の遡行には影響のない話だ。

400で10mの直瀑が現れる。右のルンゼからも上がれそうだが隙間に挟まれた岩が不気味だ。安全を期して手前右から高巻く。十時半、425で小滝三段の下の釜が何とも青々しい深みを見せる。425で二段の小滝の先に幅10m長さ30mの大ナメが現れて、黒い苔の上を慎重に歩かざるを得ない。430で奥に5mの滝を持つ沢が右から入ると、455では100mにも及ぶナメと釜が連続している。

500の分岐に着いたのは歩き出してから三時間半を越えていたが、獲得標高は僅か310mに過ぎない。ここまでは技術的にさほど問題となるような箇所はないが、あえて言うなら二箇所ゴルジュのトラバースで慎重を要する。目論見が外れたのは途中で葱も独活も姿を見せなかったことだ。あまりの沢の素晴らしさに気をとられ、それすらも後から気がつくほどだった。

時間切れ

500の右横にはテン場があるが、余り居心地良さそうには見えない。十二時のタイムリミットまでは一時間を切っている。ここからの左俣は私も初めての遡行になる。1214ピークは諦めたが700の二股までは行ってみたい。それまで散々苦労した黒い苔と白いゼリーが無くなっている。

二本の左からの小沢を過ぎると535で釜持ち4mの滝があり、左右には雪渓が残っている。すぐに二段6mの滝が続くと、540の左は奥に滝を持つ小さい沢だが実に明瞭な分岐となる。

十一時三十五分、555で10mの大滝が現れる。慎重に登ると左右どちらからで

こんな贅沢な遡行を知らないのは不幸なことだ

全く飽きるところがない沢だ

今日の遡行はここまで、さあ、昼飯の準備だ

も行けそうだ。**廣川さん**が左寄りに直登するが、他三名は安全を期して左から高巻いて滝上に出る。590で三段15mの滝は三段目が釜を持つ。すぐに20mのナメが続くと600には6mのゴルジュ滝が、625には10m四方の見ごたえある滝だ。

635に差し掛かった時には既に十二時を回っている。700分岐まではまだ二十分はかかるだろう。小事に拘り大事を失ってはならない。ここでの大休止を宣言する。誰もがここまでの息つく暇ない渓流美を堪能した後だから異論など出る筈もない。

意気消沈

いつものラーメンを止めてソーメンにしたのは正解だった。長葱、海苔、唐辛子、少々の独活とヤチブキに納豆を絡めたソーメンは売れ行き抜群だ。一回茹でただけでは足りず、二回めの鍋もすぐ空になる。水が心おき無く使える沢は本当に有難い。一時間はゆっくりしたいところだが下りもそれなりに時間を食いそうだ。十三時前には下降を始める。

途中でたっぷり水を含んだ蕗を採ったザックは左右のバランスを取るのに苦労する。自分で蒔いた種だから誰に文句を言うでなしだ。

入渓地点までは四時間強かかったが思ったよりは早かった。林道の溝を越えるのに石や太い流木を埋めて何とか突破する。今日最大の難所であった。牧場から振り返った浜益の山並みはそれはもう美しかったが、黄金沢の余韻に浸る我々にはおまけに過ぎない。

心なしか**廣川さん**の顔色が冴えなくなっている。聞けば、奥さんに代わって夕食を作る約束をしたという。札幌に着くのは、たぶん十九時は過ぎるだろうから、時間か

これでもか、これでもかとナメ三昧は更に続く

らいってもう無理だ。カトちゃん、洋ちゃん、私の満足しきった三名の横には一名の意気消沈した顔が帰りの車内に並んでいたのだ。

おまけ

日帰りで1214まで行くには往復で後三時間は必要だろうか。一泊するなら500分岐よりは300の右岸が落ち着ける。牧場の中を走るので、車高の高い四輪駆動車が安心できる。

DATA

2006／9／2〜3　14：47旧道登山口〜16：25ユーフレ小屋5：42〜11：27◎1670旧道出合い〜11：35山頂12：56〜14：10覚太郎ルート分岐〜15：15ユーフレ小屋15：36〜17：15旧道登山口

MEMBER

栗さん、廣川さん、gan

MAP

芦別岳・布部岳

LEVEL　★☆

ユーフレ川本谷《ほんだに》から芦別岳 1727m

天空へ突き刺すような鋭鋒は多くの岳人を惹きつけて止まない。

新道、旧道、覚太郎の夏道ルートの他に岩登りの対象としても存在価値がある。

本谷といえば春の残雪季のイメージが強いが、夏から秋にかけての遡行も一段と趣がある。

両岸切り立った谷間の風景はそれだけで沢屋の心を掴んで離さない。

日帰りもできない訳ではないが、日程に余裕があれば
ユーフレ小屋に泊まり沢談義にうつつを抜かすのも乙なものだ。

遅刻

四月五月の芦別岳本谷はもう何度も経験している。屏風のように両岸が連なる渓谷を埋めた雪を詰めて行くあの爽快感は、何物にも替え難いほど素晴らしい。しかしその反面雪崩や落石の危険性もはらんでいるのを忘れてはならない。夏の本谷も是非やりたいと思っていたから毎年恒例の山のトイレを考える会主催の「全道一斉山のトイレデー」に躊躇なく芦別岳を選ぶ。週間天気予報は目まぐるしく変わり、日帰りから再度ユーフレ小屋泊まりに変更する。

北見から四時間二十分運転してきた栗さんとふれあいの家前の駐車場で待ち合わせるが、我々は二十分の遅刻だ。札幌十二時出発で十四時着は土台無茶な話だ。装備を整え私の車で旧道登山口へと向かう。ユーフレ小屋に泊まって本谷を詰め、帰路はまだ歩いたことのない覚太郎ルートから小屋に戻る計画だ。登山口には軽乗用車に荷物

ユーフレ川本谷～芦別岳

御茶々岳
体力が要る旧道ルート
芦別岳旧登山道
槙柏山
ユーフレ小屋までは旧道を行く
ユーフレ小屋
620分岐
芦別岳旧登山道
勇振川
核心部の始まり
覚太郎登山道
思いの外
しっかりした道だ
5mの微妙
な滝
岩稜迫る渓谷美に
圧倒される
芦別岳新登山道
屏風岩
分岐は少し広くなっている
特に急なガレの登り
雲峰山
1560m
半面山
1397m
芦別岳
1727m
N
0 500 1000m
国土地理院2万5千図の70%

石造りのユーフレ小屋は周囲の景観に馴染んでいる

を満載した外国人ハイカーの若者がいる。挨拶だけ交わし小屋へと向かう。

三様

小屋までの足元は三様だ。夏道と沢のミックスの二日間だからそれぞれの考え方次第で変わる。私はいつでもどこでも地下足袋だけで済ますが、栗さんはワークショップ光成で買った千九百八十円の作業シューズだ。廣川さんは軽登山靴を履いている。

雪のないこの季節に旧道を歩くのは二十年振りのことだ。春先に目をきょろきょろさせて歩いている先には大概葱が待っているが、今回はその必要もない。大高巻きで一箇所道が決壊している場所があり、要注意だ。落ちたら命に関わる位の高度がある。川原の草が横倒しになっていてつい最近の増水跡が顕著だ。途中の三段の滝はいつ見ても豪快そのもので迫力に溢れる。

たっぷりとアルコールを担いだからゆっくり歩くがそれでも二時間掛からずユーフレ小屋に着く。戸が開いていたからか中は思ったほどのじめじめ感はない。その気になれば一五名は泊まれる広さだ。川の側に建つ石造りの小屋が初秋を迎えた周囲の景観にマッチしている。

鏡

まだ十七時過ぎだから明るかった。せっかくだから夕食は横の川原で摂ることにする。登山口に居た外国人ハイカーもほどなくやってくる。三十二歳のポールはオーストラリア出身で福島市からきた英語の教師ということだ。献立は最近定番に近い麺類だ。水はふんだんにあるから有難い。名古屋名物のきしめんに始まりそばへと続く。小屋から出てきたポールが乱入し、納豆そばに箸が進む。作る内からザル

微妙な登りだ。万一の滑落に備えて下で身構える。

栗さんからザイルをもらう

は空になり、更にうどんも茹でると四人の満腹感は頂点になる。

私と**廣川さん**は久々の英会話だ。流暢な**廣川さん**に比べると私のは拙いが、過去三十カ国近くを放浪した名残で何とか取り繕う。相手構わず日本語だけでしゃべり続ける**栗さん**は外国人に媚びない日本男児の鏡に見えた。

三国対抗

ユーフレ川本谷の深い闇がじわりじわりと四人を追い詰めていく。だらしない大酒呑み三人の対極にポールがいる。静かな夜を期待した彼には地獄の宴が待っていた。四時間続いた拷問は収まる気配をみせない。

突然小屋の方から灯りが見える。二十一時を回った頃に二人の登山者がたどり着く。それもニュージーランド人だから驚きだ。リヨンは札幌で外国人相手のガイドをやっているという。客の名前がポールでまたややこしい。初めての山道をこんな時間に来ることに驚きは隠せない。客の半分を外国人が占めるユーフレ小屋も随分と国際化したものだ。英会話力では太刀打ちできない。ここはひとつ三国対抗アカペラ歌合戦でもと思ったが、日本代表の三人は揃ってロレツが上手く回らない。

二十二時には小屋に入るが既に山頂用のビール一缶以外は胃袋に消える。夕食を摂るというリヨン達を除いてシュラフに潜るとものの数十秒で奈落の底に落ちて行く。

米粒

四時起床予定が**廣川さん**の声が聞こえたのは五時過ぎだ。寝ている三人を起こすまいと静かに身支度を整え小屋を出る。天候は薄曇りだが気温はまずまずだ。五時四十二分小屋のすぐ先から入渓する。ひんやりした沢水は二日酔いの頭には何よりの良薬になる。

最大の難所はザイルで後続を確保する

６６０で小滝小釜が現れて期待感が一気に膨らむ。６８０で核心部に当たる。両岸は３、４０ｍの切り立った崖になり、ゴルジュの先には１０ｍの滝が垂直に落ち込む。ゴルジュは突破できても滝は登れそうもない。一旦手前に戻り高巻き地点を探すと左岸に設置ザイルを見つける。新しい物ではないから何度も負荷をかけて強度を確かめる。３０ｍ近い急斜面だから万一の滑落を考えブルージック結びで体とザイルを固定する。私が先行して栗さんが続く。上からもう一本ザイルを出して廣川さんが上がるまで四十分余りを費やす。

本谷の渓谷美は申し分ない。左岸右岸の数百メートルにも及ぶ荒々しい岩稜に挟まれた底にいる私達は米粒みたいな存在だ。残雪季とは一味も二味も違って興趣をそそる。仮に滝のひとつもなくてもその荒々しい光景だけで有り余る魅力を十分享受できるのだ。七時、７２０で右から沢が入る。右の先４０ｍには２０ｍ三段の滝が落ち込んで暫し見惚れる。

７４５の幅１ｍ、高さ１０ｍの滝が右から入る下で朝食タイムだ。長葱を放したスープを作り暖をとる。７７５では２０ｍのか細い滝が左から落ちる。すぐ５ｍの滝が出てくると７８５で三俣になり、雪渓が現れる。左から５０ｍはある細い滝が二本落ち込み、中俣と右俣の間には２０ｍの岩峰が一際目立つ。中右の水量は変わらないが中を選ぶ。８２０三俣は右の先には直登不能な滝がある。中を進むと９１５で５ｍの滝に出合う。時刻は八時半だった。

雪渓は遅くまで残る。踏み抜きや滑落に気を抜けない

後続者

この5mが微妙だ。私の地下足袋では滑ってどうしようもない。ここはフェルト靴の出番となる。**栗さん**が左から登るが万一を考え私が下で滑落に備えて身構える。そこを越えて行くと一人の後続者が先ほどの難所を右岸の草付きから乗っ越してくるのが見える。巨岩が出てくる。先行の**廣川さん**が私の肩を踏み台にして右脇から上がる。950で左から枝沢が入ると、九時、985の分岐は二対三で右の水量が多いが左を取る。右の先には40mはあろう大滝が落ち込んでいる。

1000m付近からザレ場が続く。穴の開いた地下足袋の先から小石が入って、都度脱ぐのに時間を食う。1050で再び雪渓が50m残っている。沢床も見えているからルート選びに神経を使う。九時三十五分、1215の三俣は中を行くが、その先で巨岩が沢を塞いでいる。左脇から上がる時、岩がもろくて私が落ちかけた。先行した**栗さん**からザイルを貰う。1280でチョロチョロした流れになって水を汲む。後続者は私達を追い越すことなく、休憩に合わせて休んでいる。一定の距離を保って付いてくるのが不思議だった。

一望

再び沢は雪渓で埋まりバイルを取り出す。**廣川さん**が一人遅れているのは、唯一のビールを冷やすため雪を砕いて袋にビールと共に詰めているからだ。本谷は最後の急登に差し掛かる。十時二十分、1325で涸れ分岐だ。中央に10mの岩峰があり、右を進む。ガレ場が続くから落石に最大の注意を払う。春ならアイゼン、ピッケルがないと恐ろしくて登れないところだ。後方を見ると富良野市街が一望だ。旭川まで延びる平野はそろそろ収穫の時季を迎える。野焼きの煙が垂直に昇るの

ガレ場を詰めれば稜線はもうすぐだ

コルまであと数分、左は旧道のある稜線となる

は穏やかな秋の一日を象徴している。ほのぼのとしたゆったりした気持ちに包まれる。

１４５０分岐は左を取り、１５５０二股は右を進めば山頂西のコルに上がるが、左を詰める。薮漕ぎゼロで１６７０で山頂直下の旧道に出合う。十分歩けば芦別岳山頂だ。やっぱりここも無風だった。

精一杯

二人の先着者がいる。山頂標識に「北海道山のトイレを考える会」の幟を張って、早速マナー袋とパンフレットを渡す。それから何名か登ってきたが皆新道からだ。沢からの後続者が程なく到着する。一見学生風に見えた彼がいきなり私達の前にくる。「沢の本、買わせていただきました」と頭を下げる。三十代になるという彼は本を買ってから沢を始めて、これが二度目というから驚愕したのは私の方だ。浅い経験で芦別岳本谷を単独で来るという、その勇気と狂気の紙一重の行いに、「単独の時は沢を選んでくださいね」と言うのが精一杯のアドバイスだ。しかし素直に耳を傾ける姿勢には好感を持てた。

西コル先の旧道から歩いてくるのがポールなのは想像が付いた。声を張り上げると英語の返事が届く。小屋を出たのは八時という。リヨンのパーティーに至っては遥か離れた稜線に見えるから後三時間はかかるだろう。外国人ハイカーには早発ちという山での常識は通用しないのかもしれない。小屋に連泊するというリヨン達だが、果たして明るい内に着けたのだろうか。

ご指導

ポールの到着を祝って下山を始める。雪のない新道を歩くのは新鮮だが、足にはショックが強くて辛いものだ。１１２０の覚太郎の分岐は少し広

山のトイレを考える会の幟を立てて活動開始

くなっているからすぐわかる。廃道同様を想像していたが道はしっかりして助かった。途中から枝沢沿いの道になり、小屋の１００ｍほど上流の支流に出合う。小屋からこのルートを登ろうとする時にその入り口は見つけ難いだろう。小屋にある空き瓶やごみをかき集めて担ぐことで泊まらせて貰ったささやかなお礼に代える。

登山口までの数度の登り返しが疲労困憊の体に堪《こた》える。初めての本谷遡行に満足しきった三名の沢屋にはそれさえも心地よいものだった。登山届けの函の中には先に新道を下った青年の青いボールペン文字が躍っている。「ご指導有難うございました」とそこにある。「ご指導」などとはおこがましい。さてさて、今度逢う時こそ下界のつぼ岳で肝臓をご指導してやるかな。

おまけ

つぼ岳とは毎月やっている札幌駅前にあるＨＹＭＬの懇親会会場の通称です。つぼ八だからつぼ岳に。芦別岳本谷と違って登るのは簡単だが下山が大変な山のひとつだ。山頂にはいつも四時間いる。本谷は雪渓の残り具合で難易度が左右される。★★に近い★☆と思った方が良い。

COLUMN 2

山小屋

山小屋と一口に言ってもその内容や位置付けは様々である。本州では一泊数千円もする、旅館とさほど変わらぬ設備の営業小屋が多いという。片や北海道は無人の避難小屋がほとんどで、精々夏季だけ管理人がいて寝泊りするだけの小屋しかない。当然寝袋や食料など一切を担ぎ上げることになる。お金を持って山に入る必要もほとんどない。

沢登りではテントに泊まることが多いが、重宝するのは登山口近くにある無人小屋だ。南日高の楽古山荘は以前は今より離れたところにある

普通の住宅だった。芽室小屋は小綺麗で快適だが定員が少ないのが難点だ。

数ある小屋の中でも十勝の清水町にある剣小屋には私は足を向けて眠れない。神社の横に小屋があって、夜中でも熱心な信者が掌を合わせるシーンを度々目にする。豊富な水とトイレ、薪ストーブに薄暗いながらも電灯まであるとは何と贅沢な小屋であろうか。

過去数十泊はしている私に信仰心が欠けているのを神様はどこかで見透かしている。せめて煙突掃除くらいはいつかお手伝いしたいと思っているが、その前に「お賽銭を入れるのが先だろう」と言われそうだ。

II

日高の沢

- 貫気別川南面沢から貫気別山1318m
- 芽室川北東面直登沢から芽室岳西峰1746m本峰1754m
- 額平川北カール直登沢から幌尻岳2052m戸蔦別岳1959m
- 戸蔦別川カタルップ沢から神威岳1756m
- リビラ沢西面沢からリビラ山1291m
- 沙流川455左沢から1042m峰
- 額平川400右沢から苦茶古留志山997.9m
- パンケヌーシ川五の沢から1753m峰
- ウエンザル川北面沢から1073m峰(宇円沙流岳)
- コイボクシュメナシュンベツ川から十勝岳1457m
- シュウレルカシュペ沢からイドンナップ岳1752m

幌尻岳北カールからの最後の詰め

DATA
2006／7／8　8：55◎450林道〜9：13◎510左沢〜13：00◎1250薮突入〜13：15山頂14：15〜780左俣下降〜16：58◎510林道出合い〜17：11◎450林道
MEMBER
カトちゃん、さっちゃん、栗さん、洋ちゃん、gan
MAP
貫気別山
LEVEL　★☆

貫気別川《ぬきべつがわ》南面沢から貫気別山《ぬきべつやま》 1318m

貫気別とはアイヌ語で「濁った川」という説がある。
札幌近郊の漁岳と同じ標高だが、その存在感は全く違う。
片や春山や沢からの多くの登山者で賑わうのに対し、
貫気別山という名の頂すらあるのを知る人は少ない。
南西側が岩壁に囲まれた山容は独特のもので一種異様な雰囲気すら漂う。
南面沢からは一箇所難しい滝がある。読図力も必要な沢だから中級向けだ。

F戸さん

私がまだ二十代だった頃、職場の山仲間を通じて知り合ったのが今では七十代になるF戸さんだ。山の大先輩の彼が私の山の先生だったと言っていい。F戸さんに連れられてアチコチの夏山や冬山に登ったものだ。そのF戸さんとある日銀行で十数年振りに顔を合わせる。年賀状のやり取りから私が沢登りを続けているのを知っていて喜んでくれているのが嬉しかった。「貫気別山に行きたいけれどもう無理だなあ……」とポツリつぶやく。貫気別山かあ、とその時初めてその山を意識した。

地図を広げれば隣にはリビラ山もあってどちらも平取町だから日帰りでできそうだ。二つまとめてやってみるかと早速遠征メンバーを編成する。今年になって沢を始めた**カトちゃん**は既に沢中毒になりつつある。今回初めて沢をやる**さっちゃん**共々マ

このルートが正しいのどうかはまだ確信が持てない

ラソンが取り持つ縁だ。北見に転勤した栗さんと既にベテランの域に入った洋ちゃんを入れて新旧取り混ぜたメンバー構成が出来上がる。パーティーの唯一の弱点は揃いも揃って酒なしでは生きていけない輩《やから》ばかりということだ。

練習

穂別町経由で平取町振内《ふれない》の旧国鉄駅舎跡に着いたのは約束と寸分違わぬ七時半だった。栗さんの到着を待つ間に土手を使ってさっちゃんに懸垂下降の練習をさせる。２７０km運転してきた栗さんはそれだけで一日分のエネルギーを使い果たしているようだ。身支度を整えカトちゃんの車に乗って荷負経由で道道７１号線を行く。曇天模様の空だが雨さえ降らなければ儲けものだ。旭地区までは三十分強の道のりとなる。

「牛横断注意」の看板が５０ｍ間隔で左に二枚出てくる。二枚目のすぐ先から左に折れる道が目的の林道だ。入り口に「開拓地整備事業」の看板があり、右に小奇麗なバス停があるからわかり易い。３５０の分岐からリビラ沢を渡って貫気別川の左岸に進むと、道道から５kmで工事中のショベルカーが行く手を塞ぐ。仕方なく道の脇に車を停める。ここ一、二年の台風の影響であちこちで工事が進行中だ。

計画では５１０二股から左俣を取って山頂へ南側から突き上げる計画だ。事前情報は仕入れていない。読図の限りでは一気に高度を稼いでいるのと山頂付近に崖マークがあるから、それなりの沢なのは想像が付く。左俣に入ってすぐにいい雰囲気の沢相になるがそれも五分で終わる。後は風倒木と崖崩れの跡がそこかしこにあり歩き難い。滝だったところも風倒木や石で埋まるのはもったいないことだ。湿気が高い。シャツは汗でぐっしょりだ。

味噌ニンニク

九時三十七分に604分岐に着く。幅の広い川原も荒れた感じだ。水量は左右どちらも変わらない。南面直登となる右の沢を選択する。十時、700で4mの滝が出てくると先行した私がシュリンゲを出して**さっちゃん**、**カトちゃん**を引き上げる。760二股は左右の水量が三対一だ。小休止の間に**さっちゃん**が味噌ニンニクを皆に回す。ああ、これで酒さえあれば今日はここで遡行を中止しても良いくらいだとは思っていても口にできない。左を進むと再び風倒木が沢を埋める。初級者二人は来たことを後悔しているかもしれない。

二対一の水量の905二股は主流の左を取ると920の4mの滝は左から上がる。970では雪渓が現れる。滝らしい滝もなくこのまま源頭に詰めるのだろうかと1030に着く。複雑な地形だ。三俣になっている左俣は先で分かれているから四俣といっていい。読図での判断は決め手に欠けるがどれかを選ぶしかない。

実感

暫し地図を眺めては迷い続ける。ここは私が決断するしかない。水量では判別ができないが、沢形が私の意志を決めさせる。右を取るとまさかと思う展開が待っている。トイ状の流れが滝のように落ちてくる。1055で右から枝沢が入ると先の1105で10mの滝に出合う。苔の付いた渓流美は躍動感に満ち満ちている。**さっちゃん**が「沢登りしているね」としみじみ実感を込めていう。初めての沢登りで既にその感受性は酸いも甘いも知り抜いたベテランの域だ。

1120で15mの大滝が現れると興奮度はクライマックスだ。さてどこから登ろ

貫気別川南面沢〜貫気別山

懸垂下降は必要ない下り
貫気別山
1318m
15mの大滝が
唯一の難所
核心部の登り
は面白い
風倒木が多い
平取町振内
からは40分程
760二股
905二股
リビラ山
1291m
新冠町
リビラ大滝
N
0
500
1000m
国土地理院2万5千図の70%

うかと眺めるが左寄りからしか可能性はない。先行した洋ちゃんが途中で行き詰まる。下からみると行けそうだがザックがあるから後一歩が出ない。栗さんがザックを置いて空身で挑む。最後ちょっと躊躇していたが何とか登りきる。八つの手がパチパチと音をたてて成功を称える。ザイルを貰い栗さんのザックを胸に抱えた私が最後に登る。例え空身であったとしてもヌルヌル滑る岩だから簡単な登りではなかった。ただのビール呑みかと思っていた栗さんだが、この場ではっきり訂正したい。この時だけはレッドソックスの松坂以上の大エースに見えていた。

勲章

滝上すぐの二股は水量が同じで左を取ると、1170では何と源頭の六俣になる。右から二番目を選ぶのはもはや私の勘に頼るしかない。所々に大きくなり過ぎた葱が目立つ。涸れた沢だが苔が生えうっとりする程の最後の詰めだ。1220分岐で上からガサガサっという音が突然聞こえ全員が身構えるが、踏み跡を見ると鹿だった。右を進むと周囲はきんぽうげが咲き乱れる。

1250で薮に突入となる。さっちゃんが遅れだすのは仕方がない。栗さんがフォローしてくれるから安心して私が先頭で薮に分け入る。十一分で山頂東のコルに上がると僅か数分で山頂に着く。ルート選びは大正解だった。複雑な最後の詰めを間違わずに来られたことこそ沢屋には最大の喜びであり、勲章なのだ。

平らな山頂には三等三角点がある。木々もあって周囲の見通しはよくない。誰が刈ったのか直径5mほどの円状に笹が刈られていていてお陰で落ち着いて休むことができた。薄日が差して暖かい。シャツを脱いで裸になる。昼の献立はマルちゃんの天ぷらそば

入渓してすぐ小滝群が待っている

暖かい山頂に思わず裸で寛ぐ

だ。途中仕入れた葱、小揚げ、カレー粉が入り四方八方から箸が伸びる。さて下りのルート取りで幹部？が協議だ。下りは別の沢を使いたいがすぐの北の沢は地図を見る限り初心者連れには辛いだろうと結論づける。もう一本北隣の沢が無難に見える。

足取り

　山頂から北の尾根には道ができている。すぐのコルから適当に西に向かって沢の間の薮を下るが、尾根をそのまま進むとどこに繋がっているのだろう。１０５０付近で沢に出合う。９４５で右から流れのある沢が入ると９００で水量の同じ沢がやはり右から合流する。７８５の１０ｍの滝は左から巻いて降りると７６０で二段２０ｍの大滝は下で左からの沢と一緒になる。左の沢へ乗っ越すのが安全だ。**さっちゃん**が突然つまずいて前へ転倒する。足に相当きているようだ。初めての沢登りだから当然だ。ザックを軽くすると足取りも変わる。７００で左から沢が入ると程なく６０４の分岐となり、周回ルートが完成する。

　林道出合いまで二十分ほどで着く。十七時十一分、車にザックを載せた時誰もがそれなりの疲労感を覚えていたが、その満足感は比類なきものに思えた。**カトちゃん**、**さっちゃん**がどんな思いでこの沢をやったのかまでは聞きそびれてしまったが。

初めての沢登りがいきなり日高だなんて……。トホホ……。

初級者二人はゆっくりと確実に手足を運ぶ

おまけ

1000mから上の沢相には文句のひとつも思い浮かばない。距離は短い沢だが決して侮れない。安全を期すなら最後薮漕ぎがあるが下りで使ったルートをお勧めしたい。

DATA
2006／8／13　5：00◎610登山口〜10：30◎1670藪突入〜11：10◎西峰11：35〜12：30本峰13：25〜15：40◎610登山口

MEMBER
あのＱさん、gan

MAP
芽室岳

LEVEL　★☆

芽室川《めむろがわ》北東面直登沢から 芽室岳《めむろだけ》西峰1746m本峰1754m

北日高には日帰りで手軽に登れる個性的な山が多い。チロロ岳や十勝幌尻岳などある中で芽室岳も候補から外せない山だ。見た目には本峰よりも西峰が秀麗に映る。その西峰へ突き上げる北東面直登沢は難しいところもなく、興趣に満ちた遡行ができる。ほぼ一日を要する体力ルートだが、一度はやるだけの価ある沢だと断言したい。

転機

芽室岳に沢からといえば数年前にパンケヌーシ川から西峰に詰めたことがある。ブタ沢に近いものだったが、初めての遡行だったからそれはそれで満足感を覚えていた。夏道のある尾根の西を流れる芽室川がいかにも急峻に突き上げて以前から気になっていて仕方なかった。尾根の東側にある左沢も本峰に繋がっている。

十数年来の知り合いでＨＹＭＬ仲間でもある**あのＱさん**を誘い、剣小屋へと車を走らせる。本当なら芽室小屋に泊まりたかったが狭い小屋だから先客がいるかもしれない。札幌出発が遅かったから小屋では余り呑む時間もないだろうと、酒豪の**あのＱさ**

思い出深い本峰で
あのＱさんの胸中を横切るものは……

んには助手席で呑んでもらう。

芽室岳といえば**あのＱさん**には忘れられない山になる。それは二〇〇〇年三月二五日のことだ。初めて彼と一緒に登ったのが芽室岳だった。マラソン友達の睦ちゃんを入れての三人パーティーは除雪最終地点の円山牧場からスキーを履いて延々と林道を歩いた。しっかり担いだ酒の重みもあったのか、バテてしまった彼のザックから酒を私の背中に移し替えた。若い頃本州の山を荒らした**あのＱさん**には屈辱だったのだろう。それがきっかけで朝のジョギングが日常の中に組み込まれていく。ちょっとオーバーに言えば、人生の転機に私が絡んでいたということだ。

差し入れ

剣小屋に着いたのは二十時少し前だった。一台の乗用車が停まっている。「ｇａｎさん?」と車から声がかかる。池田町の**俊一さん**と娘さんだ。昼間芽室岳遡行を誘ったが生憎都合が悪かった。ワインとブドウの差し入れ持参でわざわざ訪ねてくれたのだ。相変わらず山男然とした風貌が懐かしさを生む。三十分余り沢談義に花が咲く。ざるそばを食べ二十二時にはシュラフに入る。寝始めた頃に一人泊まりにくる。窓から見える無数の星が明日の好天を約束している。

三時に起きたら別の四人組が隣に寝ている。**あのＱさん**の持ってきたおにぎりと長葱入りスープでそそくさと朝食を済ます。出発の準備をしていると「ｇａｎちゃん」と声がする。私をちゃん付けで呼ぶ人は限られる。目の前にいるのはＨＹＭＬ仲間の岩内の紀ちゃんだ。エサオマントッタベツ岳から幌尻岳の七つ沼カールへ抜けるという二泊三日の予定だそうだ。いつのまにか風格漂う沢屋になっているのが嬉しかった。

芽室小屋は小綺麗だが4、5人でいっぱいになる

薄明の小屋から入渓口へ向かう。円山牧場のゲートから６㎞で芽室小屋に着くが、途中の分岐は右を進む。小屋には若者が一人泊まっていた。芽室川を遡行して稜線を越えウエンザル川に抜けるという。なかなか勇気の要る行程に感心すると共に、もっと多くの若者が沢に入ってほしいと思う。大自然相手の沢登りは肉体と精神を存分に鍛えてくれるだろう。

空想

この機に及んでもまだ沢の選択に迷っている。芽室岳本峰への左沢を行くか、西峰や１６９０ポコへの右を取るかだ。情報もないから時間がどのくらいかかるかわからない。優柔不断の末に右を選んだ理由は本峰よりは西峰が沢形が長く残っていると読んだからだ。五時丁度小屋の横から入渓する。ひんやりした沢水に身震いする。盛夏とはいえシャワークライミングなど到底する気にならない。石が黒っぽくてよく滑る。単調な歩きが続くが苔付いた渓流はなかなか粋だ。

ゆっくりと歩くあのQさんに合わせてほとんど傾斜のない流れを追う。へたり気味の地下足袋だから足の置き場に注意を払い、手でのカバーを怠らない。時折手の平程の魚影が朝の挨拶に顔を見せる。

６５０分岐は水量が変わらない。左を進むと７４５で再び分岐になり迷うがすぐ上で合流する。７６０で最初の釜が現れる辺りから徐々に生唾ものの場面が出始める。すぐ上に小滝群が続く。六時半、７９５で５ｍの緩い滝だ。二手に分かれたゴルジュの流れが下で一本になって注ぐ。８２５付近の沢から見上げると西峰が天高くその頂を誇示している。山頂付近までの沢筋がすっきり見える。そこまで至る急峻な登りに

芽室川北東面直登沢〜芽室岳西峰・本峰

はいったい何が待っているのだろうか。空想を巡らせるだけでワクワクドキドキと心臓が自然と小躍りするのだ。５ｍの滝が出てくるが三本の筋が流れ落ちる。

８６０で右から沢が入ると本流すぐ先で左右の間隔が５ｍ離れた二本の流れを持つ滝が落ち込む。右は５ｍだが左は１０ｍ近い。中間から取り付くのが安全だ。滝上すぐは分岐になり、左を進む。一枚岩の岩盤が続き、渓相の風情は最高潮だ。七時二十七分、９２０で１０ｍのスラブ状の滝が迎えてくれる。９５０で左右に雪渓が出てくると、その先で薄い天井を持つ雪渓を通り抜ける。か弱い胸が破裂しそうだ。９５５の１０ｍの滝は順層なので快適に登れる。

最高潮

１００５で２０ｍの緩いスラブ状のナメ滝は苦労しないで直登ができる。１０３０で１０ｍが、１０５０で２０ｍの滝と次々と障害物が出ては、乗り越える嬉しい悲鳴が沢中に響く。

その２０ｍは右寄りに上がり、あのＱさんへザイルを垂らす。１０７０で右から沢が入る。左は１０ｍ弱の幅広の滝になり、右から巻いて上がるとその上でなだらかな１０ｍのスラブ状の滝だ。１１５０で３ｍを越えると次の５ｍは右から巻く。間断ない滝の間に高度計の数字は上がり続ける。

優先

八時三十五分、１２００で十五分休憩する。長い休みは取っていないが、ゆっくり歩き続けているからあのＱさんもきつそうには見えない。僅か１０ｍの滝でも高巻き次第では小一時間は掛かるのが沢登りだから目処が付くまでは小休止だけにする。パンと納豆で小腹を満たすが、チーズがあるのを思い出し納豆に混ぜると

徐々に美しい渓相が現われる

これがなかなかいける。ぼそぼそと語るいつもの**あのQ**節が冴え渡り、相槌を打つ私の声は甲高い。

九時、１２７０分岐に着く。水量の多い左は１０ｍの滝になり、崖にへばりついた苔の美しさに魅了される。右を取ると西峰へと向かう。残りの標高は５００ｍほどだ。最後の頑張りがここから始まる。始めは細い谷間の右はその先で開けてくる。沢はガレで埋まり出す。１３００で頼りない流れとなり水を汲むが結果１３８０付近が源頭となる。晴れていた空にもいつのまにかガスが掛かり出し視界は利かない。

１４００で１０ｍの涸れ滝に出合う。直登するのは無謀というものだ。右から高巻くが先行した**あのQさん**の足場が悪い。泥状の壁はフェルト底では辛い。後続の私が手で足をフォローして何とか乗り切るが、ここが一番の難所だった。１５４０で５ｍの涸れ滝は足場はあるがザイルを出して安全を優先する。１５６０で涸れ二股だ。左か右か迷った末に右を取る。その先でも小さい涸れ沢が左から入るが、より開けた右を進む。この辺りになるとどこを行っても山頂付近へ上がるが、問題は薮の程度だ。多分の話だが今回取ったルートがベストと思う。

西峰

１６００ではっきりした沢形は消え、上は開けた扇状の草や笹帯になる。左寄りに進むと山頂へは近づくが早めに這い松や潅木が待ち構える。右の笹原に抜けてから左上へ向かう。結論から言えば後は適当に稜線に上がり、少し乗っ越すと踏み跡がある。笹の密度は濃いが腰までの高さだから苦にはならない。

あのQさんの歩みはスローモーションを見るようだ。もういっぱいいっぱいの限界

に近い。「あれだけ走っているオレが……」「いや、走っているからここまで来れたんだわ」。薄明の中、厚別のもみじ台通りをジョグする姿を私は何度見たことか。

晴れ間が再び顔を見せる。左上の隅の這い松に上がると北へ延びる国境稜線になる。雲こそあるが秀麗な分水嶺の連なりに六時間にも及ぶ遡行の努力が結実される瞬間だ。踏み跡を五分歩いて視界を遮るもののない西峰に着く。あのQさんと握り合う手から笹の匂いが鼻先に流れる。札幌から冷やしてきたビールはまだ冷たい。一本を二人で分け合う。お金で買えない至福のひとときが西峰の頂に漂っていた。

風雲急

本峰は１６９０ポコを挟んで見え隠れする。あのQさんは渓流足袋から運動靴に履き替える。ポコへの僅かな登りが辛い。ポコから振り返る西峰の麗しい姿に暫し見入る。小一時間かかって本峰に着くと先客がいる。ラーメンを食べている頃から風雲急を告げる。ポツポツと雨が降り出して想定外の空模様につい愚痴が出る。三時間を予定していた下りだが二時間十五分で小屋に着く。帰りの渋滞を予想して剣小屋での仮眠を提案したがリーダーの指導力不足でサブリーダーに押し切られる。清水町の銭湯で汗を流しあのQさんの運転で日勝峠へと向かう。助手席の私の手にはしっかりとビールと冷酒が握られていた。

稜線に上がると幸運にも踏み跡があった

おまけ

技術的には一、二箇所ザイルを出す箇所がある。しっかりしたリーダーがいれば初級者でも問題ない。西峰までは休憩を入れると七時間前後はみておきたい。人跡の少ない原始性溢れる沢は、沢屋の心を掴んで離さないだろう。

西峰であのQさんは足袋から靴へ。

駐車場にある登山届けポスト

DATA
2005／9／23、24　11：30取水ダム～13：00幌尻山荘5：00～9：15山頂～10：45七つ沼11：40～12：25戸蔦別岳12：45～13：09◎1881m峰～15：00幌尻山荘15：45～17：40取水ダム
MEMBER
あのＱさん、山彦さん、高さん、チョコボール、gan
MAP
幌尻岳
LEVEL　★☆

額《ぬか》平《びら》川《がわ》北カール直登沢から
幌《ぽろ》尻《しり》岳《だけ》2052m 戸《とっ》蔦《た》別《べつ》岳《だけ》1959m

日高一の高峰幌尻岳は日本百名山にも選ばれ、全国各地から多くの登山者で夏は賑わう。幌尻山荘からと新冠川からの夏道を使うのが一般的だ。沢からは新冠川からの七つ沼カールと額平川から北カールに上がる二つがある。どちらも魅力的なルートだが前者は中級者向きだ。後者は難しいところもなく初級者には丁度よい。北カールに飛び出た時の紅葉混じりの絶景は筆舌に尽くし難い。

清掃登山

日高山脈ファンクラブ主催の幌尻岳清掃登山が紅葉真っ盛りの中、計画される。ファンクラブ会員ナンバー二番の私も微力ながら協力するのは惜しまない。でもどうせなら沢から登りたいと思うのは沢屋の本能だから事務局に了解をもらう。

日本百名山ブームになって以来の幌尻岳の混み様は異常なほどだ。山荘までは額平川の沢ルートを使うということもあり、ツアー登山客を中心に夏の一時期に集中する。林道ゲートからの日帰りは余程の体力自慢でもない限り難しいから、自ずとほとんど

し尿を運ぶ一斗缶を背負っていざ出発

の登山者は山荘泊まりになる。登山客の集中で様々な問題を生じるが、中でも深刻なのはトイレだ。溢れるし尿の担ぎおろしと七つ沼カールのゴミ拾いが清掃登山の主目的となる。

清掃登山隊総勢一三名が山荘に着いたのは二三日の十三時だ。夏道の途中にある命の水清掃班と山荘のうんこ汲み班の二手に分かれる。霧雨の中私を含む五名で命の泉まで一時間かけて行くが思ったよりゴミは少なく、周辺でティッシュ四つを回収する。うんこ班は持参した一斗缶にうんこを詰めて明日の下山に備える。

イビキ

山荘に戻ると宴会態勢に入る直前だ。豚汁とおにぎりの夕食を摂りながら賑やかな宴が延々と続く。酔った私は他の登山客で埋まる二階へ上がり眠りに入る。隣のオヤジの間断なく続くイビキに起こされ一階に下りると二十三時半だ。机上に残ったワインを静かにのどに流し込む。窓から差込む半月の黄色い光が部屋の一隅を照らし出す。再び二階へ上がるが浅い眠りになるのは仕方がない。

五時に沢班五名が夏道班に先行して山荘を離れる。今日の計画は北カールから幌尻岳山頂を踏み、七つ沼カールで戸蔦別岳経由で来た夏道班と合流し清掃して戸蔦別岳経由での下山だ。北カールへ上がるこのルートは過去三回経験済みだが、他の四名は初めてとなる。

二十五分で六の沢が左から入る。しっかり冷え込んだ沢水は昨夜の酒を薄めてくれる。魚影は全く確認できない。徐々に周囲の山肌に朝陽が当たる。北戸蔦別岳への夏道のある稜線がくっきりと抜けるような青空を背景に浮かび上がる。一日掛かりの長

好天を約束する朝が来た

額平川北カール直登沢～幌尻岳・戸蔦別岳

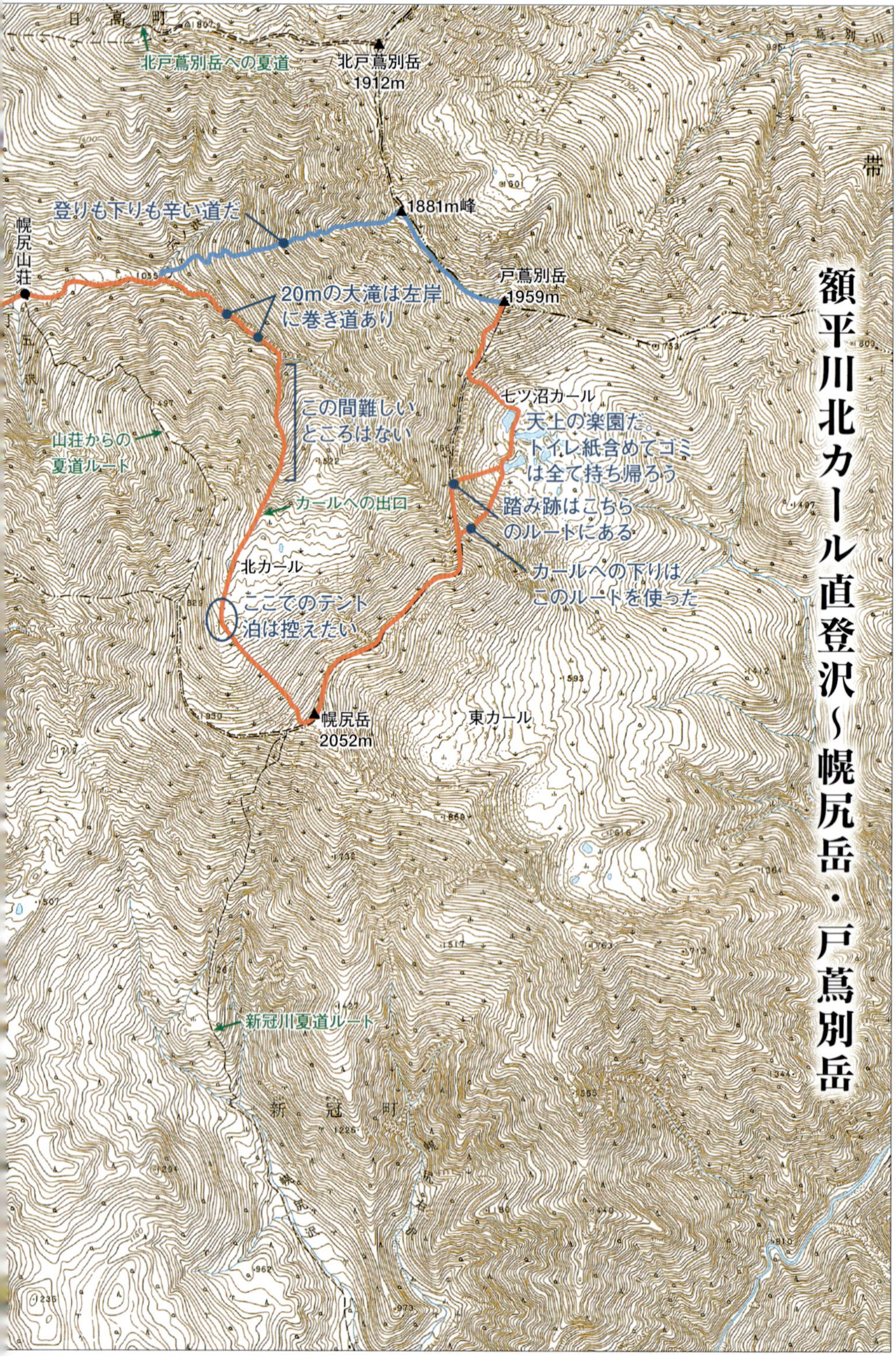

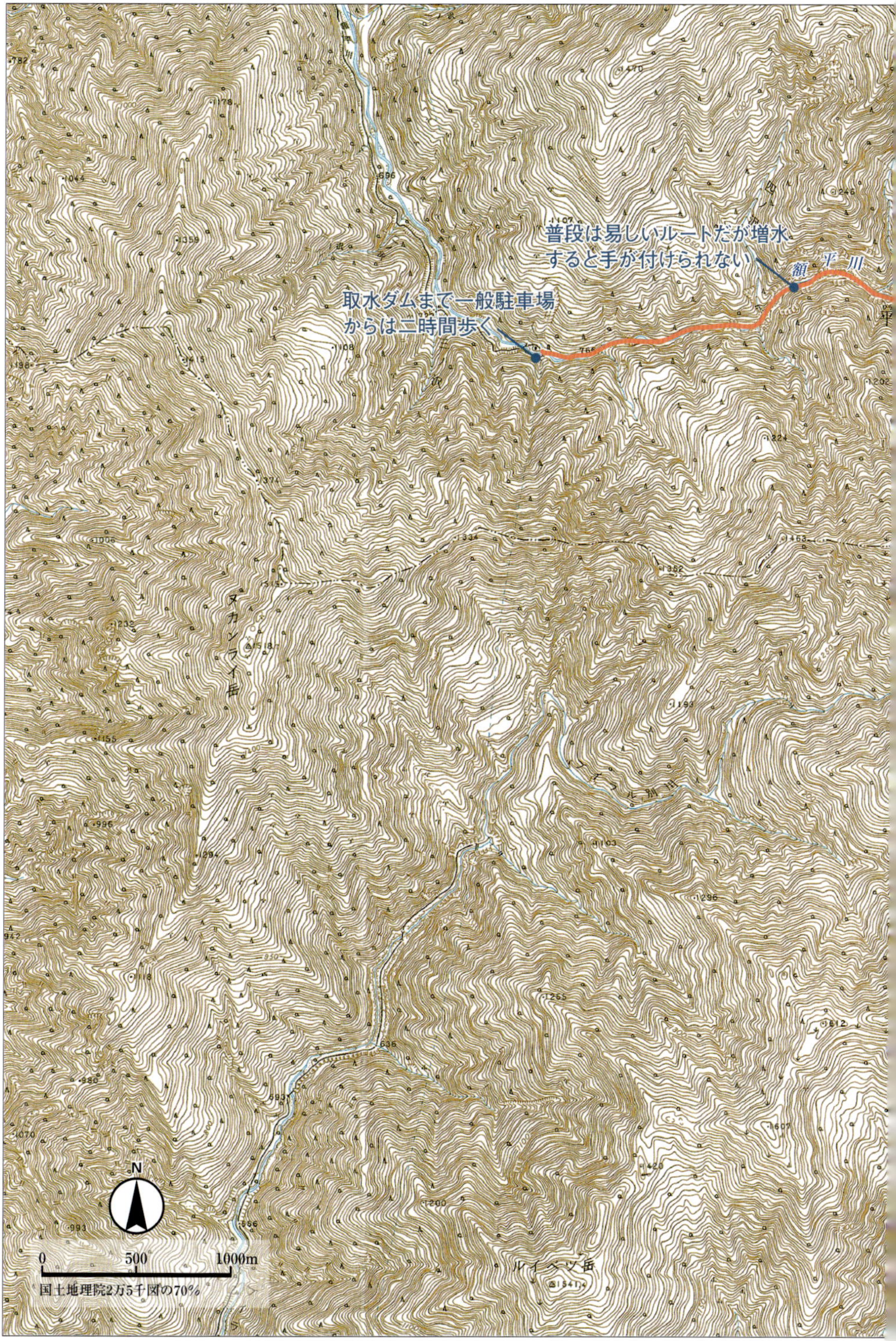
普段は易しいルートだが増水
すると手が付けられない
取水ダムまで一般駐車場
からは二時間歩く
額 平 川
ヌカンライ岳
ルイベツ岳
N
0 500 1000m
国土地理院2万5千図の70%

最初の大滝が現れる

丁場だから大休止はできない。途中途中で五分の休憩を挟む。暫くはさして特徴のない沢歩きだ。１１３０で２０ｍの大滝に出合う。壮観な眺めに暫し見入る。右から高巻いて上がるとすぐ上に５ｍの滝だが問題はない。１１８０で再び２０ｍの滝が豪快に流れ落ちる。右から巻き気味に上がると、安全を期して最後はザイルを出して後続を確保する。

ドッカーン

１２００で二股だ。水量は左が僅かに多いが右に入る。程なく北戸蔦別岳が、続いて１８８１ｍ峰、戸蔦別岳と一連の山並みが高度差に応じて顔を見せる。易しい小滝群の登りが続き皆の瞳が輝いている。ゆっくりと確実に一歩一歩足を運びながら北カールへの憧れにも似た思いが先走る。

１４５０二股を右に取るとカールまではもうひと息だ。明らかにカールの入り口とわかる窪みに着いた途端に黄色と紅のまだら模様の北カールがドッカーンと視界の全てを占領する。夏道のある稜線がぐるっとカールを取り囲む。余計な説明は無粋なだけだ。雄大な風景に見惚れるばかりで五人が揃って無口になっている。額平川の源頭がとうとうと流れるカール底では沈黙こそが何よりの感動を物語る。

悲鳴

幸いテン場らしき跡にごみは見当たらないのでホッとする。幌尻岳山頂へはカール底から適当に壁を登る。堆積した石は滑り難く歩き易い。姿を見せないナキウサギが朝の挨拶をしてくれる。振り返るとチロロ岳の西峰本峰が存在感を誇示している。山頂からの眺めは三六〇度のパノラマだ。偶然新冠ルートから上がってきたＨＹＭＬ仲間のなにわやさんも到着する。

幌尻岳山頂で満足感一杯の５人の沢屋

北カールの入り口まではもう一息だ

戸蔦別岳への登り返しは辛い。
下には干上がった七つ沼カールが見える。

戸蔦別岳山頂には夏道班の塊が見える。七つ沼へは南の急壁から木々を伝って適当に降り、先着していた夏道班と合流する。渇水期を迎えた沼は干上がっている。疲れた体に鞭打って全員が七つ沼周辺を精力的に清掃する。天上の楽園、七つ沼カールまで来てごみを捨てる輩の神経がわからない。水分をしっかり含んだシュラフまであって、私のザックは悲鳴を上げる。戸蔦別岳への登り返しが実に辛かった。

真逆さま

残りのビールを戸蔦別岳山頂でこっそり呑もうとしたら**チョコボール**に見つかる。ビール好きにおいては人後に落ちない彼の嗅覚には驚くばかりだ。1881m峰からの下降尾根は六の沢へ真逆さまに飛び込んでいくような錯覚に陥る。登りも下りも辛いルートだ。七つ沼で拾ったゴミの他に山荘からはうんこが加わる。一斗缶二つを背負った私のザックは30kgをゆうに越えている。皆それぞれの体力に合わせて缶を担ぐ。何を好き好んで他人の出したブツを運ぶのか。でも誰かがやらなければ日高の自然は守れない。

沢の途中で一回、転びそうになったが何とか踏み止まれたのは正にウンが付いていたからだ。平取町振内でうんこの処理を済ませて現地で解散したのは二十時近かった。

北カール底から見た、左・北戸蔦別岳、中・1881m峰・右・戸蔦別岳

おまけ

本州で売られている地図には北カールにテン場のマークがある。いつまでも今のカールの状態を保つためには現地でのキャンプは遠慮したい。技術的には★だが戸蔦別岳経由で下山なら時間と体力が要る分☆が付く。林道ゲートの駐車場から山荘まで四時間はみておきたい。

秋を迎えた北カールの風景には言葉を失う

DATA
2006／9／23　7：28◎660カタルップ橋〜12：12山頂12：34〜16：58カタルップ橋
MEMBER
俊一さん、山ちゃん、gan
MAP
札内岳
LEVEL　★★

戸蔦別川《とったべつがわ》カタルップ沢から神威岳《かむいだけ》1756m

北海道に神威岳と名が付く山は多い。有名なのは南日高の神威岳1600・5mだが、山頂を踏むのが大変なのは北日高の神威岳だ。残雪季に北東尾根から登るのが一般的だが、カタルップ沢からの遡行は始めから飽きる時が全くない。下流域はスラブのナメ滝が連続し、上流部は苔生した小滝が続く。途中には40m近い大滝が二本出てくる。一度でも遡行すると頭の片隅から離れない沢の一つになるだろう。

未踏

日高には随分足を運んでいるが、縦走路から外れているこの山は未踏だった。いつかはいつかは、と思いながらこれまで何故か真剣に考えたことはなかった。カタルップ沢からは読図の限りでもその急峻な登りには何があるのか想像を掻き立てる。単独での遡行が多い俊一さんを誘ってメンバー三名は確定する。前日ニセイチャロマップの通称「天国の階段」を途中までやってきた俊一さんの体力には驚くばかりだ。

朝六時剣小屋下の旭山地区で合流する。八千代牧場近くの戸蔦別川に架かるたくせ

戸蔦別川カタルップ沢～神威岳

P
戸蔦別川
入渓地点からナメ滝
の連続だ
750分岐
北東尾根ルート
は残雪季に使う
1030二股の雰囲気は素晴らしい
40mの絹状
の滝
40m近い
のっぺりした滝
ほとんど薮こぎの
ない詰め
神威岳
1756m
エサオマントッタベツ岳
北東カールへの沢
エサオマントッタベツ川
エサオマントッタベツ岳
への稜線
新冠町
N
0 500 1000m
国土地理院2万5千図の70%

私の地下足袋には辛い登りが始まる

い橋からは右岸林道を17・5㎞進むとカタルップ橋に着く。左から入るのが目的のカタルップ沢だ。途中五台車が停まっている。エサオマントッタベツ沢からエサオマントッタベツ岳をやっているのだろう。今夜の北カールはカラフルなテント村が出現していそうだ。

いきなり

流石に九月半ばを過ぎた朝だから、黙っていると寒さを感じる。準備をしながらヤッケを羽織る。久々、緊張感のある一日になりそうだと気合を入れる私だ。以前一度遡行したことがあるという**俊一さん**を先頭に七時二十八分入渓する。

そう、前触れもなくいきなりだった。橋から入渓した途端に１０ｍのスラブのナメ滝だ。それも黒っぽい表面はヌルヌルと滑って、フェルト靴の二人はともかく、磨り減った私の地下足袋は全く歯が立たない。これでもか、これでもかと断続的にスラブのナメが現れて、足裏に全神経を集中させる。７２０のナメはどうしようもない。右岸の泥壁を３０ｍトラバースして抜ける。

私と**山ちゃん**は変化ある沢相に感激するばかりだ。嬌声とも歓声とも付かぬ声を上げ続けるしかすべはない。八時、７５０分岐は水量が左右等しい。左は１０ｍのナメになる。右を取ると１５ｍのナメ滝は左から巻き、先の５ｍは下の釜を右から巻く。１０ｍの傾斜の緩い滝を左から上がると８２０で縦横５ｍの四角い滝は何処かで見覚えがあるようだ。『ｇａｎさんが遡行《ゆく》　北海道の沢登り』の裏表紙で使っている室蘭岳の滝沢に雰囲気が似ている。

1030分岐でスープを作る。
俊一さんの沢スタイル決まってるなあ

リーダー

８５０で直径５ｍの釜の上には３ｍのゴルジュ滝が二段続く。左から岩壁をトラバースするが、ちょっと緊張する場面だ。８５５で１５ｍの緩い滝は私と**山ちゃん**は左を行くが、**俊一さん**は右を取る。それぞれの技術と経験がルートを決める。誰がリーダーでもない、一人一人が自己責任の下で遡行を楽しむ。

８９０で５ｍ二段の滝は下がスラブ状で気が抜けない。９４５で右から小滝が流れ込む先で幅１０ｍ、長さ１５ｍのナメ滝が見事だ。九時十四分、９５５で幅７、８ｍ高さ１０ｍのがっしりとした滝に当たる。直登は難しい。手前の右上に大きい岩が見える。途中まで上がってから岩の下を右にトラバースしてから大きく高巻く。９９０で左から沢が入る辺りから雰囲気が変わり出す。下がナメの連続する第一の核心部だとすれば、ここからは苔生した小滝が連なる第二の核心部の始まりとなる。

衝動

小滝小釜の先の１０３０分岐の何と趣のあることか。水量はどちらも変わらない。左俣はゴルジュとなり、右からはジグザグの小滝が落ち込む。どちらも遡行したい衝動に駆られる。汗はさっぱりかいていない。小揚げと長葱入りのスープで胃袋を暖め、二十分後に右俣に進む。１０５０でルンゼ状の１０ｍ弱の滝を登ると左岸の木に残置シュリンゲを見つける。すぐの二段１０ｍは右から上がる。休む間もなく苔だらけの小滝が我々を集中攻撃し、それを迎え撃つ喜びは何物にも替え難い。

１１４０で４０ｍにも及ぶのっぺりとした滝が落ちる。直登をするのは自殺行為だ。左脇から**俊一さん**が先行する。落石が怖い。二番手の**山ちゃん**は最後の草付きで後の一歩が踏み出せない。フェルト底には辛いところだ。**俊一さん**からザイルを貫って

ゴルジュのような滝が続く

滝上に出る。下りでは左岸から巻いて降りられた。

あっさり

相変わらず小滝が連続する。１２６０の１０ｍの滝は左から上がり、途中から右にトラバースして上がる。すぐの５ｍは左からだ。１２８５で細い絹状の滝は４０ｍ近い。足場はしっかりあるから左から上がり、最後だけは安全を期して右から巻く。１４００付近からガレ沢となる。１４２０で左から小沢が入る。十一時四十八分、１６００分岐は右がガレとなり、左を取ると１６１５分岐でほぼ源頭となり、水を汲んで右を選ぶ。**俊一さん**が少しずつ遅れ出すのは仕方がない。１６２５、１６５０の涸れ二股は右、右と進めば程なく沢形は尽きる。

深い藪漕ぎもなく、心持ち右寄りに踏み跡を詰めて行くとあっさりと山頂東の稜線に出る。エサオマントッタベツ岳の北カールが挨拶もなく眼球に飛び込んでくる。

嗚呼、ウォーッ、と意味不明な雄叫びが日高の神聖な静寂を切り裂いていく。五分も歩かず初めての神威岳山頂に立った時、言葉にできぬ感動で頭は真っ白になっていた。

面構え

三角点の脇には二、三人用なら何とか張れそうなテン場がある。ここでのキャンプはどんなに安物の合成酒でさえ、高級割烹の酒よりも何十倍にも舌がしびれることだろう。北カールと共に幌尻岳東カールは正に日高の盟主に相応しい面構えだ。北側には伏見岳から１９６７ｍ峰への稜線が立ちはだかる。できることならこのまま悠久の山並みを見続けたかった。

時計の針は十二時を回っている。下りのナメの困難さを思うと明るい内に下山するにはギリギリの時間だ。そばの予定も取り止めて二十分絶景を楽しみ下山開始だ。計

普段なら何でもない滝も慎重に慎重に

40m近い滝だが最後だけ少し気を抜けない

山頂から見るエサオマントッタベツ岳1902m（中央右）と北カール、中央左はジャンクションピーク1869m

五回ザイルを出す。以前来た時、**俊一さん**は一度も出さなかったという。下りのスペシャリストに私はなれそうもない。

上流部の小滝はともかく、下流部のスラブではフェルト靴の二人を待たす場面が続いていた。へっぴり腰の私には尻滑りするシーンが続出する。お陰で修理したズボンの尻当ては更にボロボロになっていた。

愛しさ

一度ちょっとした弾みで転倒し、左前頭部を火花が出るほど岩に打ち付ける。ヘルメットがなかったらお陀仏だったかもしれない。霊前で「男前ではなかったが、愛嬌のある人だったわ」と誰もが言ってくれただろうか。夕暮れ迫る十七時前、カタルップ橋が見えてきた。私が足を引っ張らなければ十五分以上は短縮できていた。次にここを遡行する迄にはフェルト靴を買わなければならない。二人に心の中で詫びる一方で愛着のある穴の開いた地下足袋が一層愛しく思えてくる。握り合う手が一日の感動を再確認させる。

遅くなるからと温泉にも寄らず、今夜の宿の剣小屋へと車を走らせる。助手席の**山ちゃん**は**俊一さん**差入れのビールの栓に手をかける。その満ち足りた横顔を見ていると運転係の私までが幸福感に浸っていたのだ。

おまけ

○六年に遡行した沢では間違いなくナンバーワンの面白さだ。難易度の捉え方は様々だ。沢自体は特に困難なところはないが、それでもちょっと気を抜けない箇所がたくさんある。下りでのナメを思うとやはり★★が妥当だろう。中級者には絶対お勧めしたい沢の一つだ。

水量は多くはないがキリリと冷たい

DATA

2006／7／9　5：40◎460林道〜途中小1時間ロス〜9：09◎1100薮突入〜9：36◎1230夏道出合い〜9：50東峰山頂10：46〜貫気別川北面沢〜12：08◎530林道出合い〜12：50◎450林道P

MEMBER

栗さん、洋ちゃん、gan

MAP

貫気別山

LEVEL　★

リビラ沢西面沢からリビラ山 1291m

リビラ山には夏道があり、地元の人には身近な山だ。山頂は平べったく日高の主稜線を眺めるには絶好な位置にある。リビラ沢は初心者向きの易しい沢だが、沢の分岐に注意する必要がある。面白さなら下りで使った貫気別川が上だ。ここから眺める貫気別山の異容がひときわ目を引く。

突き指

日高町千栄《ちさか》にあるMさん所有の山荘で三時に携帯電話の目覚まし機能がしっかり起こしてくれる。まだ周囲は寝入ったままだ。気になるのは前日の貫気別山からの下りで転倒したさっちゃんの体力と、その時突いた指の具合だ。右の中指の腫れが酷い。沢登りでは指が曲がらなければ話にならない。相談の末カトちゃんとさっちゃんは札幌へ戻ることにする。

外は霧が舞っている。増水の心配はないが、できれば快晴の日高がいいなあ、と誰かがつぶやく。平取町振内で栗さんの車を拾い貫気別川450の林道に栗車を停める。カトちゃん車に全員乗り込み360の林道分岐まで戻り、そこから右のリビラ沢沿いの林道を1・5㎞入って車を降りる。この林道も工事中で時折車の腹が擦れる。ついでにご主人様の太っ腹も少しは擦れたら良いのになあと思ったが、声に出すほど鈍感で

オオバミゾホオズキの黄色が鮮やかだ

はない。いつの間にか青空が顔を見せ始める。今日の遡行に一段と力が入るのも当然というものだ。

納得

　カトちゃん、さっちゃんに見送られ、五時四十分、４６０から林道を歩き出す。２００ｍも歩かぬ内にビリっと冷えた沢水に足を入れる。４９０分岐は右に取る。５９０で右から六段４０ｍの細い滝が落ち込んでくる。６４０分岐も右を進む。朝の澄んだ空気もあって、気持ちがぐっと引き締まっていく。

　７１５で右から涸れ沢が入ると７３０で三俣となる。中俣の小沢は地図にはない。左右の水量は僅かに右が多い。ここで沢の選択に時間がかかる。読図では間違いなく左でいいが、右の水量の多いのが納得できない。十分ほど迷った挙句左を進む。この時点で我々は間違いを犯していた。

　この左俣が素晴らしい登りだ。４０ｍに渡り小滝が続く。その上にはどっしりとした岩壁があり、張り付いた苔は緑の深い絨毯だ。７５５で右からガレた小沢が入る。７６０で左右の水量三対二の分岐になる。地図では判断できない。若干右の沢床が低いが決め手に欠ける。左を３０ｍ上がると忽然と流れは湧き水になっている。沢がそこで尽きているとは予想だにしていなかった。

ロスタイム

　おいおい、いったいどうしたというのだ。一旦戻り７６０から右に入ると７８５で岩壁の下から水が湧き出ている。先は涸れ沢の様相だ。読図では水量的に物足りない。７３０三俣の右が正解だとしたら地図での整合性が取れない。二人のＧＰＳでは本流から東に外れている。７５０付近から右岸の

こんこんと湧き水が流れ出る

小尾根を乗っ越すとはっきりとした沢形だが流れはない。水は私の500㎖と栗さんが僅かにあるだけで、後は山頂用のビールだけだ。

ここを行くべきか戻るべきか暫し三人で迷い続ける。

上流に大木が見える。とりあえずそこまで登ってから判断しようとの栗さんの提案を受け入れる。大木の先から微かな水音が聞こえる。少し歩くとはっきりした流れになってくる。この間一時間はロスしていた。

失態

700付近に分岐があったのを私達は揃って見逃していたようだ。730の分岐を700と思ってしまっていた。ベテラン三人の沢屋が地図を見ながら遡行していたのに間違うとは何という失態だろう。しかしこれが正に沢登りの面白さの裏返しでもあるということだ。間違いは必ずある。それに気付くことと、如何に修正できるかも沢登りの妙味であり、力量となる。

860二股の左は湧き水になり、右の本流はすぐ伏流になっている。滝らしい滝は全くない。900で右の土手に罠らしき足跡を見る。八時二十一分、940で右から涸れ沢が入ると950で再び流れが現れる。1000二股は水量が同じで右を取ると源頭となる。この辺りから笹が被さりうっとおしい歩きになる。1070は左が若干沢形になっているが右を進むと1080で涸れ沢は二手に分かれる。右前方に土手が見える。そこまでは浅い藪漕ぎだった。

アルバイト

ポカポカした陽気で昼寝でもしたい位だ。土手から先の藪が手強い。右上には夏道のある稜線がある。山頂直登を諦めて稜線を目

リビラ沢西面沢～リビラ山
貫気別山
1318m
リビラ山
1291m
大崩落跡
700分岐には
注意が要る
こちらが正しい
ルートだ
490分岐
640分岐
これは迷走ルート
30分の藪こぎで
夏道に出合う
平らな笹原
の山頂
リ ビ ラ 沢
リビラ大滝
新 冠 町
N
0
500
1000m
国土地理院2万5千図の70%

間違ったルートだが渓相は満点に近い

大崩落の北面沢を下る

指す。五分間隔で先頭を交代して行く。密集した笹を掻き分けるのに先頭の荒い息遣いが聞こえてくる。かつての超人的体力は今の私にはとっくにない。ただのおじさん沢屋には結構なアルバイトだ。

三十分弱で稜線に上がると想定通りに夏道に出合う。黄色のオオバミズホオズキがそこかしこに咲き乱れる中を平らな西峰に着く。地図では少し離れた地点が最高峰だ。登山道の整備は西峰までだから十分更に薮を漕ぐ。

一面が笹原の平坦な山頂からの眺めは最高だ。チロロ岳から始まって北戸蔦別岳、戸蔦別岳、幌尻岳、エサオマントッタベツ岳、そこから中部日高へと続く。ナメワッカ岳やカムイエクウチカウシ山は残念ながら雲の中だ。東隣にある未踏のイドンナップ岳が威圧感を持って私を誘う。遥か彼方の鋭鋒は楽古岳ではなかろうか。目の前すぐに昨日登った貫気別山も鎮座している。その砦のような山容には登頂意欲がそそられるのも無理はない。真下に見える新冠湖が紺碧の水をたたえていた。

笹の薄いところにどっかりと腰を下ろす。微風が一服の清涼剤だ。冷えてはいないがビールののど越しがたまらない。油揚げとウインナー入りのカレーラーメンには先を争うように箸が伸びる。

大崩落

復路は北面沢を下降して貫気別川に下ることにする。1080で涸れ沢が左から入ると1000で水量のある沢が左から合流する。900で縦横100mにも及ぶ右岸の大崩落跡がある。805では右からの沢に続いてすぐに左からも入り、三俣となる。800で右から落ち込む40mの小滝群が見事だ。ここも入れると四俣といってもい

い。740の6mの段差のある滝に苔が付いて美しい限りだ。715で左から30mの滝が枝沢となって入り込む。710の20mのナメ滝には惚れ惚れする。

丸出し

600の林道出合い直前はガレ場になって落石に要注意だ。昨日遡行した貫気別川に510で出合う。**栗さん**、**洋ちゃん**に先行してもらい、一人残って手ぬぐいをぬらして体を拭く。誰もいないのをいいことに下半身丸出しの開放感にどっぷり浸る。のんびり歩いて車に着いたら道を塞いでいたショベルカーが移動している。まだ昼を過ぎたばかりだ。運転を任せた私は汲んできた北面沢の源頭の水でウイスキーを割る。疲れ切った帰りの車中で呑めることほど贅沢なことはない。時折腹を擦る**栗さん**の車の音がなんともユーモラスに聞こえていた。

おまけ

最後の薮漕ぎが少々難儀だ。700分岐は細心の注意を払って欲しい。間違った右沢だが魅力十分で、迂回ルートを定番化してもいいくらいだ。

DATA

2006／10／9　6：00◎455左沢出合い～8：35◎960藪突入～8：58◎1015稜線～9：03◎1042m山頂10：00～東面沢～11：40◎540国道出合い～12：00◎455左沢出合い

MEMBER

gan

MAP

双珠別岳

LEVEL　★

沙流川《さるがわ》455左沢から1042m峰

名もない北日高の低山のひとつだ。林業界の双珠別岳と呼ばれる1347m峰から南西に延びる稜線上のポコのひとつだ。455左沢は小さい沢だが、途中からナメや小滝が連続し、楽しませてくれる。下りで東面の沢を使えば易しい周回ルートが出来上がる。半日あれば楽しめる手軽な沢だが、原始の香りに満ちている。

風呂賃

四人での日高遠征になる筈だったが、台風並みの低気圧接近で結局私一人になってしまう。私の予想では何とかなるとは思っていたが、強要するほど自惚れてはいない。増水が気になっているから流域面積が狭いのと遡行距離が短い沢を候補に上げる。駄目ならその場で引き返せばよいと日高へ向かって車を走らせる。単独での遡行は久々で、これもたまには刺激になっていいものだ。

宿泊先の日高青少年自然の家には数名の学生が泊まっていたが、ほとんど独占みたいなものだった。あの大きな建物に人が居ないのは決して居心地がいいとは言えない。大浴場に一人で浸かっていても落ち着かない。これで料金が百五十円とは風呂賃に

沙流川455左沢~1042m峰

1347m峰
(林業界の双珠別岳)
難しいところは全く
ない下降ルート
人跡の全くない
山頂
1042m峰
945から右に入ると
すぐ薮こぎになる
10mの滝
小滝やナメが
適度に現れる
ウエンザル橋
国道出合い
日
高
町
沙
流
川
トラックの風圧に
は気をつけよう
ウエンザル川
清
瀬
橋
P
1073m峰
(宇円沙流岳)
N
0
500
1000m
国土地理院2万5千図の70%

日高の山は沢からしか行けないのが多い。
この写真は野塚岳南面沢。

もならないだろう。青少年向けの施設だが節度を守れば部屋での飲酒も可能だ。

深夜十二時に目覚めてから眠れない。持参した本の原稿に赤ペンを走らせながら外の雨音が気になる。二時過ぎにウトウトすると程なく携帯の目覚まし機能が三時半を知らせてくれる。前夜ふかしたサトーのご飯にカレーをかけて朝食を済ます。

倒木

四時半にパンケヌーシ林道へ向かう。薄暗い中でも沙流川はメロンソーダ色に濁っているのがわかる。増水も見られるが果たして上流部ではどうだろう。当初の計画はパンケヌーシ川四の沢からペンケヌーシ川に乗っ越してペンケヌーシ岳に至るルートだ。千栄から日勝峠寄りに進んだ先から右のパンケヌーシ林道を行く。ゲートから先で一本の倒木を乗り越え、堆積した土砂をどけて更に進むと数本の倒木に行く手を阻まれる。一人ではどうしようもない。退却するしかすべはない。

一手

さて次の一手は上滝山だが持参した筈の「沙流岳」の地図が見当たらない。「双珠別岳」と間違ったようだ。１３４７ｍ峰の南西にある１０４２ｍ峰が目に止まる。距離は短く雨の影響はあっても知れている。三角点もない稜線上のポコに過ぎないがそれも沢から行ければ満足だ。復路は東面の沢を使えば贅沢な周回ルートが出来上がる。即興で作るルートは沢さえあればどこでも登る沢屋的な発想そのものだ。

明け方は曇り空だったのに少しずつ青空が広がりだし、頬が緩みだすのがわかる。現金なものだ。４０ｍザイルをザックから取り出し２０ｍに入れ替える。

人跡少ない沢は花の宝庫だ。黄色はミヤマダイコンソウ、紫色はエゾツツジ（南日高・十勝岳・メナシュンベツ川）

455左沢は清瀬橋の少し下流から入る小ぢんまりした沢だ。暫くは荒れた沢相で倒木もあり難儀する。砂防ダムが三つあるが最後の大型は左から巻く。上空は青いペンキを塗ったように一面が晴れ渡る。

晩秋の沢が贅沢なのは今更書くまでもないが、それでも書かずにはいられない。深紅のもみじの葉が渓流のあちこちの石にへばり付く。黄色や茶色の葉は流れに任せて小舟のように揺れている。石炭を思わせる黒い石の上を微かに濁った水が流れる。

エンジ色

510から一旦谷間が狭くなる。515で30mのナメがセメント色の岩に展開する。600付近で読図できない沢が左から入ると、650で再び左から沢がくる。その先のもみじの一際鮮やかなエンジ色が目に焼き付いて離れない。655で左九〇度から一条の緩い小滝が入り込むと、岩は再び黒くなる。その右からは繊細な小滝が流れ込む。715で左から小沢が入るが、よく見ると20m上から湧き出している。30mのナメが出てきた先で1mの滝から勢いのある水が放出される。

七時二十四分、735で左からの沢に出合うと、その先で7、8mはあるだろう巨岩が沢を防ぐ。右からは華奢な小滝が落ち込んでいる。760から岩盤は緑色に変化する。その上を30mの小滝混じりのナメが続く。粋な渓相を見ていると昨日まで遠征を逡巡していた自分の存在が小さく感じて仕方ない。

ほくそ笑み

775で10mの大滝が現れる。しっかり足場があって暑い時季なら直登も可能だ。785で左右の水量が同じ分岐だ。右は小滝

これは野塚岳南面沢だが、
小さい滝でも怪我の可能性は常にある

群となり、左も先で小滝が群れる。地図で見ると正に枝沢みたいなちっぽけな沢でも予想を超える面白さに、ついほくそ笑む私がいる。振り返れば紅葉の１０７３ｍ峰（宇《う》円《えん》沙《ざ》流《る》岳《だけ》）の全景が視界を占める。

８１０で右から枝沢が入る先の二股は左の水量が多い。出合いの下は釜になり、上は３０ｍのナメになる。右に進むと快適な小滝が続く。８３０で木の株がアーチのように沢を跨ぐ。すぐに右から小沢が入り５０ｍものナメが再び出てくると、有頂天になっている自分に気付く。８５０で３ｍもの巨岩が二個、沢を埋める。分岐が次々出てくるが水量に従って進めば問題はない。風倒木が沢を埋める先から笹が被り出す。稜線まではもう間もなくだ。

冠雪

山頂に直登するのなら９００付近から右の沢を詰めるのもいいだろう。本流を詰めると山頂から少し外れたコルへ行く。私は９４５から右の沢を詰めてみる。すぐの二股は左に流れがあるが右は涸れる。藪漕ぎ覚悟で右をそのまま進む。ここまでくると北日高の山々が見渡せる。

ペンケヌーシ岳の頭がすっぽりと白い帽子を被っている。一点の汚れも知らぬ美しい眺めには初恋の人を見るように胸が高鳴る。予定通りのルートを行っていたら寒さに震えていたに違いない。１０１５で稜線に上がり、山頂まではそこから五分ほどだった。鹿道らしきものは無かった。

人跡

１０４２ｍ峰には過去何人が足跡を残したことだろう。平らな山頂には人跡を思わせるようなものは何ひとつなかった。笹と木が邪魔をして展望はあま

幌尻岳山頂から見た北日高の遠望

りよくはない。木々の間から１３４７m峰がその輪郭を見せる。

着替えを済ませて笹の間に身を潜める。風は弱いが寒さはひとしおだ。今日はイオンのカップ麺にしたが、足りなくて納豆とアンパンを追加する。乾杯をしたいところだが、グッと我慢できたのは、この歳にして少しは成長した証《あかし》だろうか。

コンパスを切り、東面の沢合いに向かって適当に藪をこぐ。ニセクシュマナイ沢支流はザイルを出すようなところはない。倒木にむき茸が満載で思わず足を止めて手を動かす。山頂から一時間四十分で国道に出る。二十分歩いて４５５に着いたがまだ十二時になったばかりだ。半日だけの単独行は物心共に貴重なお土産付きだった。

おまけ
難しいところは全くない。最後の詰めのルート次第で時間が若干前後するだろう。

DATA
2006／10／15　9：24◎400右沢出合い～11：45◎935源頭数突入～12：00山頂12：58～14：55◎400右沢出合い
MEMBER
廣川さん、gan
MAP
二岐岳・ヌカンライ岳
LEVEL　★

額《ぬか》平《びら》川《がわ》400右沢から
苦《く》茶《ちゃ》古《こ》留《る》志《し》山《やま》997・9m

山頂でちょっと背伸びをすると1000mに届きそうな山だ。
日高の主稜線から外れて、この山の存在を知る人はほとんどいない。
時にはこんな山に登って三角点を探すのも乙なものだ。
難しいところは全く無い。
枯葉舞う原始性あふれる沢を静かに楽しむ一日が心と体の栄養剤となるだろう。
入渓から460二股までの川原歩きだけでも私には魅力的だ。

得手不得手

日高の午前は雨の予報だったから遠征するのを始めはためらっていた。回復傾向にあるという予報を信じて短い沢なら何とかなるだろうと日高へ向かう。上滝山《うえたきやま》か、以前から気になっていた糠平山《ぬかびらやま》に狙いを定める。睡眠不足と疲れで行きの運転を廣川さんに頼んで眠ろうとするが眠れない。上滝山なら場所からしてもその気になればいつでもできる。折角だから糠平山にするかと穂別経由で平取町に進路をとる。

手書きの登山計画書を振内の駐在署の登山ボックスに投函する。箱には「幌尻岳登

落ち葉の敷き詰められた川原には安らぎを覚える

山計画書届け」と書いてある。あらまあ、糠平山は対象外かしら？との屁理屈をぐっと呑み込む。そこからの運転は私の出番だ。**廣川さん**は運転が苦手だ。皆それぞれ得手不得手があるからこの世は成り立つ。口外してほしくはないが私の弱点は整理整頓が苦手なことだ。林道の運転が殊に好きな私には悪路であればあるほど運転に力が入る。もう少しで１８万キロに達しようかというマニュアル仕様のカローラだ。老体に鞭打って、心地よいエンジン音を響かせ紅葉の渓谷を縫って行く。

振り出し

幌尻岳へ向かう林道はすれ違う車もない。額平川は茶色く濁ったまま蛇行を繰り返す。長い林道だ。糠平山への目印になる糠平橋を見逃して６㎞先の幌尻橋まで行ってしまう。戻って支流のペンケハーユシニナイ川の右岸林道を進むが１㎞も行かないで土砂で道は塞がっている。車を止めて歩いて行くが数百ｍもしないで道は完全に崩落している。沢床に降りて迂回するだけでも三十分はかかりそうだ。時間的に山頂へ着くには厳しいだろう。

先ほどの幌尻橋で地図を見た時にそこの右沢から苦茶古留志山という一風変わった名前の山があるのはわかっていた。山頂までの距離は短い。雨の影響も少ないだろう。今ならまだ間に合うかもしれない。思った途端に踵《きびす》を返した二人がいる。再び幌尻橋の振り出しに戻った。臨機応変な対応能力が沢屋には必要十分条件だ。

登山届け

橋の下が４００の右沢となる。短い沢だがその分急峻となるから手に負えない沢になるかもしれない。そこにまた未知の沢の魅力が潜む。ザックに入れた２０ｍザイルを**廣川さん**に渡して４０ｍを私が持つ。直登できない滝

が出てくる可能性は十分ある。懸垂下降も必至だろう。４０ｍのザイルを一本追加するだけで心の余裕に違いが出る。登山届けにはこのルートを入れてはいない。事故が起きても我々を捜し出す手段はどこにもない。緊張感を胸いっぱいに秘めながら沢に降りる。

灰をまいた空からはポツポツと小雨が降り出すが、それ以上は強くなりそうにない。静寂そのものの沢の流れだ。沢幅は１０ｍくらいだろうか。川原を入れても２０ｍはないだろう。石炭を思わせる細かく黒い石が敷き詰められた川原は過去遡行した幾多の沢相ともその趣が明らかに違う。川原一面を落ち葉が無造作に埋め尽くす。スローモーションを見るような時間の経過がこの情景には似合い過ぎている。４２０で林道が上を横切っていた。

アッパラパー

スタートした時間が時間だから十三時で遡行を中止するつもりだった。この時季の夕暮れはつるべ落としだ。十時四分４６０二股に着く。進む左の先１００ｍには滝が見える。滝は二段５ｍの手頃なものだ。それよりも目を引いたのは濃い灰色の岩盤の見事さだ。この付近特有のものだろう。セメントを流した上をさらさらと清流が音を立てる。滑らかなスラブ状の岩を滑り落ちる水が一段と新鮮さを帯びている。すぐ上に小滝小釜が連続する。

５００二股は二対一で左の水量が多いのは読図の通りだ。十時二十分５１０分岐でちょっと迷う。どちらを行っても山頂へ行くことができる。左はガレ沢になっていて、すっきりしているのは右だ。僅かに水量が多めに見えた右を取る。入ってすぐに倒木

額平川400右沢～苦茶古留志山
平取町
額平川
幌尻岳への登山口へ向かう
国道から28km
幌尻橋
簡単な下りルート
苦茶古留志山
997.9m
趣きある流れの沢だ
460二股
510二股
この間に見せ場が凝縮する
山頂付近には鹿道がある
平取町振内へ向かう
N
0
500
1000m
国土地理院2万5千図の70%

が凄い。575の二股を左に進むと595で右から小沢が入る。小沢の先には一条の小滝が連なって落ち込んでいる。

670から850辺りまでのこの沢最大の見せ場はルート選定の正しさを証明している。690までは小滝小釜が引きもきらない。岩盤の色は既に灰色から黒色に変わっている。十一時、695の二股は右の水量が多いが左を進む。710で二段5mの滝は直登できない。小滝小釜ゴルジュのような流れが100m以上も続くと頭の中はアッパラパー状態だ。

青息吐息

795で10mのすじ状の滝は直登を楽しむ。820の二股までは一気の登りだ。山頂へは左の沢だ。水はほどなく切れそうでボトルに詰める。すぐに伏流気味になる。苔生した涸れ滝の岩が行く手に立ちはだかる。風情のある雰囲気に幸せな気持ちが湧き上がるのを抑えられない。少しずつ左右から笹が被さってくるが935までは沢形が残る。十一時四十五分、左上に向けて薮漕ぎに入る。力を持て余した**廣川さん**が脱兎の如く山頂へ向かって駆け上がるのを青息吐息の私は呆れて見送るだけだ。

ニセピークのすぐ先に山頂はあった。稜線の鹿道を使って着いた頂は松や潅木、笹で覆われ、北西方面を除いて見通しは悪い。ピンクテープの一本すらない山頂には三角点がある筈だが見当たらない。五分ほど探し回って笹の間に見つけたものが実に愛しく思えてきた。

清流の小滝群を行く

山頂からの見通しは悪いが達成感はひとしお

初体験

天気はよくなりつつあるというものの周囲の山々には雲がかかっている。北東に隠れる二岐岳には今年何度か思いを馳せたが縁がなかった。地図を見る限り沢からの難易度は高そうに思える。汁の少ないカレー味の天ぷらそばは二人の沢屋の胃袋に一直線だ。**廣川さん**が柿を出す。この秋初めて食するのは随分高くつきそうだ。

山頂に着いた時、携帯からＨＹＭＬにメールを出すのが私の常だが、さすがに奥深い低山では携帯は全く反応しない。下山ルートは５１０の左沢にする。適当に薮を降りてからの沢は困難なところは全くない。懸垂下降は一度もなかった。ザイル二本はザックの中であくびをしていたことだろう。

倒木を乗り越えようとした時だ。滑って右に倒れ込んだのは覚えているが右のふくらはぎを何故痛めたのか合点がいかない。過去三十年近い山歴で他人の荷物は数限りなく背負ってきたが、他人に預けたことは記憶にない。**廣川さん**の申し出を素直に受けたのは気力だけでは到底持たない自分を悟っていたからだ。人生で初めて背負った空のザックは足の負担を軽減するには十分だった。杖代わりの流木を突きながら様々な感情が脳裏を駆ける。真っ先に浮かんだのはシーズン終了間際で良かったな、との素直な思いだ。幌尻橋から国道までの２８㎞の運転だけは**廣川さん**に預ける訳にはいかなかった。

おまけ

初級者向きの易しい沢だが、核心部の情緒あふれる渓相は必見だ。人跡の全くない周回ルートを是非お勧めしたい。復路で４２０から林道を使ってもよいが余り時間は変わらない。

足場を確認しながら慎重に運ぶ

真っ赤なウラシマツツジに日高の晩秋は近い

DATA
2006／9／24　6：04◎825林道〜6：10◎860右俣出合い〜7：50◎1216分岐〜9：58藪突入〜10：20山頂11：55〜15：00◎825林道
MEMBER
山ちゃん、gan
MAP
ペンケヌーシ岳・ピパイロ岳
LEVEL　★

パンケヌーシ川五の沢から1753m峰

名もなき峰を沢からやる時、探検にも似たワクワクする思いを抱く。1753m峰はチロロ岳とルベシベ山の中間に位置するおまけのような突起に過ぎない。それが存在することすら認識している人は稀だと思う。五の沢からは最後のルート取りさえ間違えなければ僅かな藪漕ぎで峰に立てる。風がなければ山頂のあずましさは特筆ものだ。自分だけの秘密の場所にしたいと思ってしまう、そんなルートと山頂だ。

カラビナ

前夜の剣小屋は貸し切りだった。同宿者を期待してストーブが炊かれているのを想定したら見事に裏切られる。カタルップ沢から神威岳の濃厚な一日を過ごした後だけに火を付けるのも面倒に思えたが、それでもせっせと薪を運んで暖を取る。ストーブの上の物干し竿には濡れた衣類が所狭しと明日の出番に備えているが、臭い付きだから手に負えない。

マルちゃん天ぷらそば、冷奴と湯豆腐の豆腐尽くしに、秋刀魚の缶詰とらっきょうが畳みに敷いた新聞の上に無造作に並ぶ。酒豪で名を馳せる山ちゃんだが珍しくビール三缶も空けずに早々にシュラフに包まる。私のコップ酒はまだ数センチ残ったまま

パンケヌーシ川五の沢~1753m峰

六の沢を行くと
パンケヌーシ岳
登山口に至る
パンケヌーシ川
五の沢出合い
国道から
14.5km
国道274号線
へ向かう
止別岳
倒木もありしばらくは
面白くない歩きが続く
ルベシベ山
への沢は
易しい
1216分岐の左沢
入り口は地味だ
1495の左沢に
注意する
ここが沢の核心部
楽な部類の詰めだ
ルベシベ山
1740m
1753m峰
チロロ岳
1880m
高い木がなく、
すっきり見渡せる山頂
N
0
500
1000m
国土地理院2万5千図の70%

1216左沢に入ると早速滝がお出迎えだ

だ。電気を消す。カラビナに挟んだローソクは命の限りを尽くしてその役割を全うするが、我に返ると微かな名残がカラビナの開閉部に見てとれる。

十二時過ぎに再び目覚めた私はそれからの二時間近くを浅い眠りに寄りかかる。

窓から見える数多の星が早く眠れと私をせかす。疲れがあるのは隠しようがない。今日の一日を付録と思って遡行すれば幾分気が楽というものだ。

カラ元気

三時前に山ちゃんも起きてくる。前夜あれだけ食べたのに空腹を覚えて、釜揚げうどんを作ると、これがまたなかなかいける。薄暗い四時過ぎに剣小屋を後にする。日勝峠を日高町側に下った千栄地区手前の国道から左に折れる。パンケヌーシ林道を進むと14・5㎞で五の沢出合いだ。

五の沢橋がかかり、右にはパンケヌーシ五の沢林道の標識もあるからすぐわかる。五の沢林道は車高の高い四駆なら問題ないが、安全を期して１００ｍ入ったところで駐車する。雲ひとつない空模様にカラ元気だけは充満してくる。

五分も歩けば８６０の二股に着く。右から入る沢が予定のルートだ。１０６０二股までは経験がある。マラソン仲間のチョコボールを誘い、二股からの右股を詰めてチロロ岳に上がったことがある。沢形は早く尽き、カール状の地形を結構な藪漕ぎで詰めたのは数年前だ。入渓から１２１６二股までは倒木や流木も多く、はっきり言えば面白くない沢歩きだ。抜けるような青空を背景にペンケヌーシ岳が末端から徐々にその姿を見せてくれるのが慰めになる。

滝上から山ちゃんを激写する

大砲

昨日から大をしていない。一歩踏み出す度に体の何処かから大砲が連発し、澄みきった朝の空気を汚している。**山ちゃん**にも男としての意地がある。時折対空砲を発するが、数と音の威力で私の敵にはなり得ない。変化に乏しい歩きの中で水の清清しさが一服の清涼剤だ。

１１８０で右からガレのある沢が入ると、すぐ先で左からもガレた地味な沢が合流する。そろそろ１２１６二股は近い。行く手は一気に高度を上げて何処にもそれらしきものは見当たらない。とすると先ほどの左沢しか考えられない。トラバース気味に左の藪を行くと地味だった入り口からは想像ができない存在感ある沢に変身している。核心部はここから始まる。

６ｍはある茶色の岩盤の滝を左から直登すると、その上には５ｍの滑り台のようなナメが続く。濡れた岩盤はヌルヌルで手掛かり、足掛かりがあっても一挙手一投足に細心の注意を払う。

相槌

１２６０で１０ｍの滝は右からの高巻きに少し手間取る。三段２０ｍも右から高巻くと、１３００の５ｍは階段状で直登できる。すぐにまた６ｍが現れる。先行した私が**山ちゃん**を滝上から激写する。面白さが凝縮する登りに二人の気持ちの高ぶりは隠しようがない。

１３５０二股は左の水量が多いが、読図に従い右を取る。八時四十分、１３９５で二十分の休憩だ。とろろ昆布ともやし入りのスープは新鮮な味だ。「私って天才シェフ！」と声高に叫ぶと、呆れ顔して相槌が返る。胃袋から暖まった体には、一時的に

山頂西の稜線からはチロロ岳がくっきり

せよ力が甦る。１４００二股を右に取るとその先で水を汲む。

既に源頭に近い流れだ。程なく沢はガレで埋まる。ペンケヌーシ岳のなだらかな曲線は馬の背のようだ。チロロ岳から北への派生尾根もそろそろ色付き出している。「綺麗だなあ……」暫し足を止めて見入る二人だ。

読み

１４１０で地図にない涸れ沢が右から入る。九時十五分、１４９５で注意していないと見過ごしそうな小さな涸れ沢が左高くから落ち込む。ちょっと待てよ、と地図を広げる。もう沢の分岐はない筈だ。明らかに開けているのは右だが、２０m先で沢は狭まり、その先は左右の支尾根と高さがさほど変わらない。これでは程なく沢形は尽きそうだと、空身《からみ》で左の沢を偵察する。案の定小さな沢はすぐに深い沢形になり先へと繋がる。

一〇人いれば七、八人は右を進むであろう分岐を左と読んだのは、読図に命を賭ける沢屋の面目躍如たるものだ、と一人悦に入る私だ。はっきりした沢形は１６７０まで続き、藪突入は九時五十八分だ。低い潅木で軽い詰めだ。心持ち左寄りに進み最後僅か五分の這松を漕いで絶景の１７５３m峰に初めて足を踏み入れる。

真相

視界を遮るものは何一つない。透明感一二〇パーセントの空気が日高の山並みを被っている。鮮やかな朱色や黄色が周囲の山肌をまだら模様に塗りたくる。微風すら感じない。東や西へ続く稜線上には這松や潅木が続くが、この峰の真上だけはフカフカ絨毯が敷かれている。我々が来るのを予想して整備してくれていたのかしら、と嬉しい悲鳴が内面深く響いている。

すっきりした山頂から東へ続く稜線、中央奥に芽室岳が見える

昨日登った神威岳は１９６７m峰の陰で見えないが、中日高から北日高まで三六〇度の大パノラマだ。その１９６７（通称、ロクナナ）はここから見ると一段と先鋭的な姿を見せる。ルベシベ山の頂に人影らしいものが見える。単眼鏡で覗くと確かに三人が立っている。「オ〜イ」と手を振ると「オ〜イ」とオーム返しに答えが戻る。

ラーメンを食べた満腹感で絨毯の上に大の字になる。程なく**山ちゃん**のイビキが沈黙の山頂を少し揺らす。私は目を閉じていただけだったが、「イビキかいたのｇａｎさんだわ」と**山ちゃん**が反論する。ここで事実を争う積もりは毛頭ない。**山ちゃん**が幻覚幻想に陥るような、それ程安息に満ちたひとときだったのが唯一の真相なんだろうな、と私は勝手に思っている。

感覚

一時間三十五分もまったりした。適当に斜面を下り沢に出る。三回は懸垂下降かな、と登りでは思ったが、始めの滝で使っただけだ。ここも左から巻いて降りられる。１２１６からの歩きが随分と長く感じる。実際はかなり速く歩いているのだが、早く着きたいという思いが、時間の感覚を鈍くさせているのだろう。十五時丁度に車に着く。穂別の温泉、はくあの湯で二日間の汗をまとめて流す。泥のように眠った私は札幌に着いたのもわからなかった。

おまけ

難しいところはないからベテランがいれば初級者にもお勧めできる。名も無き山頂からの素晴らしい眺めを堪能して欲しい。

人知れぬ山でも三角点はある

DATA
2006／8／5　6：25◎500林道出合い～6：54北面沢出合い～9：05山頂10：00～12：50清瀬橋～13：10林道出合い
MEMBER
あのQさん、廣川さん、gan
MAP
双珠別岳
LEVEL　★

ウエンザル川北面沢から1073m峰(宇円沙流岳《うえんざるだけ》)

宇円沙流岳という名前は国土地理院の地図にはない。日高町にある標高1073mの無名峰だが、あるところでこう呼ばれているのを耳にはさんだ。山頂にテープが数本あるところを見ると、一部のマニアには登られているらしい。北面沢は難しいところはないが、下山で使った西面沢は懸垂下降をする箇所がある。手軽な半日を過ごすには丁度よい山だ。

送水管

先日日高のH山荘でご一緒したAさんから初めて宇円沙流岳という名前を聞いた。地図を開けば平凡な峰に過ぎないが三角点はしっかりある。沙流川支流ウエンザル川から行けそうだ。下りも西面の沢を使えば面白い周回ルートになるかもしれない。翌日のイドンナップ岳が今回のメインだが、移動だけの一日では勿体ない。土曜日だけ付き合うというあのQさんを入れて三名の班編成が出来上がる。

嬉しい限りの青空が広がる。日高町から日勝峠へ向かい、新しくできた上滝トンネルを抜けた先でウエンザル川が右から合流する。左岸に林道が入っている。林道を歩き出すと右岸高くから発電用の送水管が下がっている。枝沢が二本右から入った先の

ウエンザル川北面沢～1073m峰

ナメのような小滝が続く

三本目の沢が北面沢だ。丸太で作った石止めが無残な姿をさらしている。小さい沢だが、石は黒い衣をつけて如何にも滑り易そうだ。

本格派

七時に入渓する。北向きだから陽は差し込まない。薄暗い沢はじめじめした感じがする。ヌルヌルの石が足の運びに慎重さを要求する。１ｍの小滝が二つ出てくる。５５５で小滝四つが続いて、合わせると１０ｍの群になる。５７５で左からの枝沢が入り、６２０で右から小沢に出合う。本流というには小さ過ぎる左は小滝になって水量が僅かに多い。久し振りに沢を登る**あのQさん**は学生時代に本州の山々で鍛えた本格派だ。**廣川さん**は写真撮影に忙しく、沢を楽しむ暇に乏しいのは私のせいだ。メモを取るのに精一杯で写真までは手が回らない。

６３０で伏流になる。心配になって水を汲むが、後から再び流れが出てくる。４ｍの滝が出ると６９０で二段５ｍを直登する。大層な沢ではないが、ちょっとした滝が続いてそれなりに遡行が楽しめる。７４０で涸れた２ｍの滝を越えると７８０では水量が同じ二股になる。どちらを選んでもそれほど違いはなさそうだが、右の方が藪漕ぎは僅かに楽そうに思えた。

本能

８４０で左右水量が変わらぬ二股がまたくる。右を詰めると９６０で水が切れる。９８０の涸れ分岐は左へ進むと八時四十分に沢形は尽き、藪漕ぎの始まりだ。幸い藪は薄い。右手に稜線を見ながら登ると先にピンクテープが見える。どんぴしゃりと山頂へ飛び出した。まだ朝九時を回ったばかりだ。山頂テープが乱雑にあるのは五月蝿く感じる。中には記名入りのものもある。登頂したという自己満足だ

カレーラーメンができるまで沢談義に花が咲く

けで私には十分過ぎるが、そこに印を残したいと思うのは人間の本能だろうか。

申し訳程度のテープと三角点だけあればこんな峰にはそれが相応しい。木が邪魔をして展望がいいとは言い難い。位置をずらせばチロロ岳の右に幌尻岳が遠望できる。**あのQさん**手作りのお稲荷さんが振舞われる。カレーラーメンも腹に詰めると既に十時近い。おやつ替わりにしては量があり過ぎる

風圧

時間は十分あるから下りは西面の沢を使う。適当に藪を下りると650で左から沢が合流する。下山している沢は10mの見事な滝になり、懸垂下降をせざるを得ない。535で15m二段が待ち構える。右から少し巻いてシュリンゲを繋いで5m下りる。そこからザイルを垂らす。オーバーハング気味の滝にちょっと緊張する三人だ。すぐ下にはスラブ状の6mの滝もあって、なかなかどうして楽しめる沢に興奮を隠せない。苔生した岩も申し分ない。

十二時五十分、清瀬橋に上がると爆音を響かせてトラックが行き交う。随道の脇を歩きながら風圧に負けまいと体に力が入る。二十分余りで車に着いた。半日余りの冒険だったが、小さい沢でもピリリと辛い山椒であった。

おまけ

登りで西面沢を使う方が面白いだろうが、難易度は増す。北面沢を下降に使うなら滑るから慎重さが必要だ。

DATA
2006／7／16　4：58楽古山荘〜6：01◎530分岐〜8：30◎1350コル〜8：58山頂9：10〜途中40分大休止〜14：00楽古山荘
MEMBER
カトちゃん、さっちゃん、masumiさん、黒ちゃん、gan
MAP
楽古岳
LEVEL　★

コイボクシュメナシュンベツ川から十勝岳1457m

南日高の十勝岳は大好きな山のひとつだ。
オムシャヌプリ側、楽古岳側どちらから見てもその存在感に圧倒される。
夏道がないので一般登山者には縁遠い山だが、
沢からはどれも当たり外れがないほど面白い。
一番初心者向けなのがコイボクシュメナシュンベツ川からのルートだ。
日高らしい渓谷美を十分味わうことができる。
快適な楽古山荘に泊まっての沢談議をお勧めしたい。札幌からの日帰りはきつい。

URC

マラソン愛好者の集まりでウルトラ・ランナーズ・クラブ略してURCというのがある。普通のクラブとちょっと違うのは100km以上のウルトラマラソンを志向する集団だということだ。会発足以来の会員である私だが忘年会や新年会に出る位で練習会にはさっぱり出ない不良会員だ。**カトちゃん、さっちゃん、黒ちゃん**はその仲間だから沢の経験はほとんどないが体力的には何の不安もない。日高の沢二本の計画を立てる。

初日の野塚岳南面直登沢には沢が初めてのヒデキが加わる。ヒデキもアイスホッ

貸切の楽古山荘で明日の英気を養う

ケーをやっていて体力なら自信があるという。ＨＹＭＬ仲間のｍａｓｕｍｉさんから十勝岳を沢から行きたいとメールが入る。こうして六名で遡行する予定だったが野塚岳の下降途中でヒデキが転び小指を突いて十勝岳は下界での留守番役となる。

夕方、楽古山荘に着くと駐車場の車内に一組いるだけで山荘には誰もいない。十九時過ぎから始まった宴会は主食のざるそばに漬物、おでんの簡単なものだ。相も変わらぬ日本酒の菊水ふなぐちは度数十九度で酔いが早い。睡眠不足と野塚岳の疲れもあるから当然だ。沢登りも山荘泊まりも初めてのハイテンションのヒデキが早々にシュラフに入り、私も二十一時には横たわる。ＵＲＣの酒豪三名はそれから三十分は呑んでいたそうだ。

蕗畑

蒸し暑い夜でシュラフを忘れた私は助かる。二時過ぎに目覚める。外はまだ真っ暗だがもう眠れそうもない。程なく全員が起きてきて出発の準備を始める。残りのおでんを食べ、カトちゃんからインスタント珈琲を貰って頭も起こす。早かったら十二時過ぎには戻れるだろうとヒデキに言い残し、山荘を出たのは五時前だった。夜半にきたのか車が数台停まっている。空には雲が広がっている。その前提で来ているからいささかも遡行意欲には影響しない。

山荘前の林道を本流に沿って進む。五分歩くと土砂で道は塞がっている。初めてこの林道を歩いたのはもう十数年前のことだ。しっかりしていた道も今では蕗畑と化している。北海道の林道や登山道に慣れていなければ不安に駆られることだろう。手で蕗を掻き分けながら二十分で右岸に渡る。小沢を二本横切って左岸に再び渡渉する。

530二股から左に入る。右は楽古岳への本流

林道らしき跡を辿ると50m四方の一面蕗の広場に出る。初めて単独で楽古岳に上がった時には、広場の正面に上に進む林道がはっきり残り、間違って行ってしまった。今では草が被さる土手に過ぎない。その左横の踏み跡を進む。

鼓動

合計五回の渡渉を繰り返す。最後も左岸に踏み跡はあるが沢を行っても20mも歩かず530の二股に着く。直進すると楽古岳へ、左を取ると十勝岳へと至る。私以外は皆、未経験者みたいなものだから、いよいよの沢登りに緊張感が隠せない。始めは滑りやすい黒い表面の苔生した岩がごろごろとあり、少々難儀だ。早めに右岸に上がって巻いた方が楽だろう。

すぐにしっかりとした575の沢が右から入る。585で直径4mの釜が出てくると、先の40mは小滝混じりの登りが続く。空はいつの間にか晴れ出している。後ろを見れば徐々に楽古岳への稜線も見え出す。正面には濃い緑の十勝岳の南面が朝陽を浴びて赤面している。おお、何という沢日和になったんだろうと胸の鼓動が勢いよく鳴り出し始める。

文芸座

670で左から沢が入ると、5mの滝が出てくる675で沢は一旦右に折れる。上はすぐに4mの釜になり更にナメが続いて印象に残る場面だ。再び沢は向きを変える。正面に山頂が顔を覗かせ早く来いよと私を招くが、集団行動は勝手を許さない。

755でこの沢名物のガレ場が2、300m続き完全に伏流状態となる。両岸には黄色い花を付けたウコンウツギがやたらと目立つ。800で流れが復元すると840

コイボクシュメナシュンベツ川〜十勝岳

4月頃のこの稜線歩きは
最高に気持ち良い
ニオベツ川
ニオベツ川へ縦走
ならこの沢を使う
十勝岳
1457m
さっちゃんデポ地帯
薮こぎなしで稜線
へ上がれる
1050左沢からも
山頂へ行けるが
30分の薮こぎあり
1050二股
二段30m大滝
積雪期はこの稜線から
十勝岳を踏む
この沢最大
の面白さ
ガレ場地帯で
伏流になる
楽古岳への沢は
中級者向き
530二股
コイボクシュメナシュンベツ川
右岸、
左岸の踏み跡を進む
左岸から右岸
に渡る
楽古岳への夏道
楽古山荘
メナシュンベツ川
楽古山荘は天馬街道から
7km程にありトイレ、水
ありの快適な小屋だ
N
0
500
1000m
国土地理院2万5千図の70%

伏流となるガレ場はこの沢の名物だ

では右岸に１０ｍの長さの雪渓が冷気を発して冬の名残を肌で感じる。気が付けば青空がなくなっている。ガスが満ちると共にいかにも怪しい雰囲気が溢れだす。学生時代に過ごした池袋東口の文芸座周辺も怪しげな感じだったんだよな、といきなり三十年以上も昔にタイムスリップしてしまう。殊に８４５辺りからの谷間が私の好みだ。むき出しの岩と草だけで木々は少ない荒涼たる光景が心に深く突き刺さる。正面高くから一本の白い筋が落ち込んでいる。いよいよ核心部の始まりとなる。

テンコ盛り

全員の歩みはのろい。そりゃあそうだ。幾らマラソンで鍛えているとはいっても二日連続の沢登りはそれなりに疲労が重なる。まして初心者の集団だ。怪我が怖いから必要以上にゆっくり進む。９００で右から鋭角的に小沢が落ち込むと９０５で二段３０ｍの大滝が迫力満点で現れる。二段目から上は左右に分かれる。右から直登ができそうだが無理はしない。左脇から高巻くが落石には要注意となる。その上からも滝が続いて面白さテンコ盛り状態だ。

９４５で左から小沢が入ると１０５０二股まではすぐに着く。左右水量は一見すると右が多そうだ。左からも詰めたことがあるが最後はしっかり薮を漕いで山頂の左に上がる。右を詰めるとほとんど薮漕ぎなしで山頂東のコルに至る。

人間デポ

さっちゃんの牛のような歩みが気になっていた。右に入っても急登は続く。１１３５で右の壁の四箇所から水が湧き出ている。周囲には苔が生え、誰もがその幻想的なシーンに心奪われるだろう。ここは二股になり左には流れがあるが、右はガレ沢となり下から水音だけが聞こえている。**さっちゃん**がここで

新緑まぶしい小滝群を登る

初級者にはちょうどよいレベルの沢だ

稜線に上がるとほとんど見通しは利かなかった

の待機を申し出るが、せめて稜線までは連れて行きたい。ザックごと取り上げて私のザックに重ねて担ぐ。
ガレ沢からは素直に沢筋を詰めるだけだ。後ろから喘ぎ声が聞こえる。「まだかー、まだかー」と叫ぶ気持ちはよくわかる。**さっちゃん**のスワミベルトと私のベルトをシュリンゲで結んで引っ張り上げるようにして進む。最後、低い這い松を掻き分けて1350のコルに上がったのは八時半だ。ザックのデポはよく聞くが人間デポして残り四人はガスに煙る山頂目指して稜線を行く。

箸

山頂乾杯用のビールとカメラだけの軽装備だ。途中の這い松に少々手間取り二十分で細長い頂に着く。何も見えない。霧混じりのガスが絶景を隠す。全員で声を張り上げ登頂を**さっちゃん**に知らせる。沢からの十勝岳は〇四年九月にニオベツ川から池田町の俊一さん夫妻と一緒に登って以来だが、天候は正反対だった。

コルに戻るとここも霧だ。ゆっくりするには寒すぎる。1050まで戻りラーメンタイムとする。**黒ちゃん**が岩蕗《いわぶき》を採ってくれたから豪華なものだ。小揚げ、ワカメも入れて四人分を作ったが五人で食べるには十分だった。小揚げは安くて栄養豊富な食べ物で重宝するが、私以外積極的に箸がのびないのが不思議でならない。何か訳でもあるのだろうか。

サイン

十二時までには下山できるかな、の予想は大幅に外れるが、沢は安全第一だからそれ以外に優先するものはない。下山の**さっちゃん**は登り以上に宇宙遊泳をみるようだ。私も二人分のザックを担いだから慎重に慎重にといい聞か

楽古山荘は登山者で賑わっていた

せる。最後、沢から上がるところで水蕗を少々頂戴する。十四時に山荘に戻るとヒデキの外に六、七名のパーティーがいる。沢から楽古岳をやろうとしたが核心部手前の雪渓に阻まれ撤退してきたという。中の一人が偶然ｍａｓｕｍｉさんの知り合いだった。手には私の本が握られている。私が著者だと知るとサインを頼まれる。恥ずかしいやら嬉しいやらでミミズのような下手なサインが本を走る。

帰途三石温泉に寄ると閉館している。近くの道の駅そばに立派な温泉ができていた。シャンプー付きで三百九十円は嬉しい限りだが私にはひなびた風情の三石温泉が似合っていた。

おまけ

ザイルを出すところもなく、技術的には★で十分だ。日高の沢入門ルートとしてお勧めする。ニオベツ川への沢縦走も面白い。下降は７８０右股（下流から見て）を使うとより安全だ。

DATA
2006／8／6　4：40シュウレル林道～9：40◎1275藪突入～10：20◎1505夏道出合い～12：10山頂13：00～17：20登山口
MEMBER
廣川さん、gan
MAP
新冠湖・イドンナップ岳
LEVEL　★☆

シュウレルカシュペ沢から イドンナップ岳 1752m

登山道のある山でその登頂が困難な山の代表的なひとつだ。
長い林道もそうだが登山口からは根気のいる歩きが待っている。
沢からは難しいところはないが
最後の詰め方次第で時間が左右される。
一日でやるには相当な体力が要る。
山頂にたどり着いた時の感激は言葉にできない。

プロローグ

中部日高の国境稜線から外れるイドンナップ岳は私には遥かなる山の一つだった。未踏だった理由は特段ないのだが何故か登頂の機会がなかった。

昔ならいざ知らず沢登りの魅力にはまった私にはあの長大な夏道を歩くだけの気力は残っていない。前週単独での遡行を計画したが荒天の予報に道南へ転進せざるを得なかった。

廣川さんと二人だけの登山は初めてだ。イドンナップ山荘までの林道の長さは閉口するほどだが、新冠湖の青い湖面が癒してくれる。日高国道からはゆうに一時間半は

人跡の余りない沢には原始性がたっぷり漂う

シュウレルカシュペ沢～イドンナップ岳

延々と続く夏道
は体力勝負だ
サツナイ沢
シュウレルカシュペ沢
新
冠
湖
新　冠　町
新冠ダム
口滝沢
静　内
N
0　500　1000m
国土地理院2万5千図の70%

山小屋のイメージには遠いイドンナップ山荘

みなければならない。新冠ダムの堰堤から三つ目の橋がシュウレルカシュペ沢出合いになる。そこから夏道取り付きの林道まで6㎞、更に6㎞湖畔を走ってイドンナップ山荘となる。札幌からだと四、五時間はみておきたい。

バラ色

『北海道夏山ガイド』の情報では山荘は電気、水ありのバラ色の筈だった。

十九時過ぎに着いた時、白い乗用車が停まっていたが山荘は暗かった。帯広からきた四名の女性たちが一室を占めている。電気は点かない。蛇口をひねるが水も出ない。夕食はざるうどんの予定だから、手持ちで足りず、少し戻って枝沢で水を汲む。

明日の出発は早いから眠るのは室内にして玄関前で荷を広げ食事の準備だ。300gを茹でたが足りず冷麦300gを追加する。漬け汁にキムチや納豆を入れると一段と食が進む。**廣川さん**持参のワインで前祝いの宴は二十一時まで続いていた。シュラフに入らずゴロ寝で深夜を迎える。満天の星空が光輝く。浅い眠りに再び落ちる。

誤算

前夜炊いたご飯にキムチと秋刀魚蒲焼で朝食を摂る。味噌汁代わりの即席麺のスープに長葱を放つと香りが漂う。夜半にきた二台の車はまだ深い眠りに付いたままだ。釣り人なのだろう。三時半に出発した女性グループを追って私達も山荘を後にする。登山口への林道入り口にジョギングシューズを隠してから入渓地点へと向かう。下山後ジョギングして車を取りに行くためだ。

四時四十分左岸のシュウレル林道を歩き出す。崩落している林道から程なく右岸に渡るが草木が被さり五月蝿《うるさ》い。何の変哲もない川原歩きが十五分後から始まる。今日

面白い滝が次々と現れる

に備えて昨日の1073m峰（宇円沙流岳）は軽い積もりで登ったが、下半身に微かな名残を感じる。
五時五十九分に610二股に着く。『山谷』ではここまで三時間とあるが嬉しい誤算だ。ここはテン場になるらしいがそれらしき適地は見つからない。700付近の比較的平らな笹帯なら整地すれば何張りでも可能だ。廣川さんの歩みが快調に見える。それに引き換え私の下半身は重くてしょうがない。沢水の程よい冷たさが萎える気持ちを奮い立たせる。

命名

630の右の小沢に出合う辺りから巨岩が目立ち沢相に変化が出てくる。六時二十七分に675で巨岩の脇に三段6mの滝がお目見えだ。すぐに4m、3mと小滝が続く。こうでなくちゃ、と朝のキューッとした透明感の中で否が応でも気分はハイになる。7m、4mと2、30mの間隔で滝が続いて現れる。

760で右から小沢が入ると本流には2mの、続いて4mの滝が連なり二段の滝の様相だ。770でしっかりとした分岐に出合う。左右の水量は一対二というところだ。開けた左の沢に思わず行きたくなってしまう。手前の右と合わせると三俣なのは読図の通りだ。中俣を進むと蕗とイタドリが沢に被さる。美味しそうな水蕗をこのままにして見過ごすのは、残りの高度が1000mもあるからだと自分を納得させるしかない。

ここからが沢の核心部の始まりとなる。七時八分で10mの滝がきた。くの字に曲がって流れる様は見ごたえ十分だ。幅50㎝のゴルジュ滝のようで「くの字の滝」と

小滝の下でキムチご飯が小腹を満たす

命名する。左脇から上がると先で再び10mの直瀑が待ち構える。落ち口は50㎝の狭さで途中から放射状に広がるから、さしずめ「くまでの滝」といったところだ。

七時二十六分、右から高さ30mの小滝が流れ込むところで中休止だ。

塩分補給

残りのご飯をキムチと一緒に食器に詰めてきた。水を飲むよりはスープがあれば有難い。イオンのラーメン用スープにカレー片を一個入れて簡単スープが出来上がる。汗をタップリかいた体は濃い塩分を欲している。まだ標高は900mも残している。稜線から山頂までも長い歩きが待っているから長居はできない。ここから本流は一旦左に曲がる。すぐ先で幅1m高さ10mの滝が迎えてくれる。その上にも3mの小滝が二つ続く。高度計のデジタルが目まぐるしい変化を見せる。見上げる空にはところどころ雲があるが、今日一日の好天を保証している。山頂からの眺望が勝手に頭の中でぐるぐる回る。

1000mで5mの滝がきた。かろうじて左寄りから登れそうだが、ここで冒険を犯すほどの勇気はない。左の泥壁を**廣川さん**が先行するがバイルも利かず往生する。私もバイルをダブルにするが食い込みが悪い。結局右手前から枯れた枝沢を登り乗っ越すが、その上にも直登できそうもない10mの滝があり、まとめて二つを一気に高巻く。砂地のようなトラバースに気が抜けない。

不届き

八時半、1050分岐は二対三で左が僅かに水量が多い。ここは左を取れば早めに夏道に抜けられそうだが本流を進む。1080、1095で次々と左からの枝沢が合流し、読図では確かに微かな窪みが読み取れる。振り返ると

手がかりがちょっと頼りない

遥か下に満々と水をたたえる青い新冠湖が見える。数々のダム湖を見てきたが、色の濃さでは抜きん出ている。

1135で5m、8mの滝だが適当に脇から上がる。1195で僅か2mの滝だが登れない。仕方なく**廣川さん**の頭を足場代わりにして突破する。同年代とは言え数ヶ月早く生まれた先輩の頭を使うとは不届きな後輩だ。すぐの5mは直登できるがシャワーを浴びる。1245で右からチョロ沢が入ると1300でいきなりの湧水となって沢は尽きる。コンコンと巨岩の脇から涌き出る様は、自然のもつ包容力を感じるものだ。

鹿道

新冠富士山頂へ直登なら1245からの右だろうが最後の藪の状態がわからない。巨岩から真東へ向かうとピークへ上がるから藪漕ぎ開始だ。浅い藪を探しながら行くと十五分で崖下に出る。まるで軍艦の舳先のようなでかい岩の出っ張りだ。直径5m程の水の消えた沼がある。

ここからは北へ進めば間違いなく夏道に出合うが藪が濃い。迷った挙句に崖下にある鹿道を使って左から崖上に出る。鹿道は崖の尾根を乗っ越し続いているが方向が違う。東へ向かって藪を漕ぐが浅いから助かった。再び鹿道が現れては消える。十時二十分、1505で突然しっかりした鹿道が左から出合う。それにしては立派過ぎた。

夏道からもっと離れていると思った私は見事な道に戸惑いながらも「鹿さん、ありがとうね」と感謝の言葉が口を付く。道は上へと向かい、右に左に蛇行する。「ザイルだ！」と先行の**廣川さん**の雄叫びが届く。そう、既に私達は夏道を歩いていたのだ。

冷静に考えるとこれが鹿道の筈はない。人間の感覚、思い込みのいい加減さをまた一つ体験していた。だとすると先程の軍艦は地図上の１４００標記のすぐ上の出っ張りだ。私の疲労は暑さもあって極限に達しつつあった。何とか新冠富士に着いた時、三角点は遥か先にあり、最高地点は見えてはいない。欠けたプラスチックの山名板が１６６７の頂を飾っている。

ザックをデポする。水とビールと食料を廣川さんが持ち、私は楽をさせてもらう。夏道から来た人にはここからの稜線歩きが地獄に近いものだろう。小さなアップダウンを繰り返して四十五分で１７４８の三角点に着く。正直に言えば私にはここまでで十分だった。いや、十分だと無理やり納得させていた。

いいふりこき

三角点から先の稜線に１７５２の最高地点が見える。その岩山の頂には白っぽい人だかりが確認できる。昨夜同宿だった四人組に違いない。ここで止めたら後悔するのは目に見えていた。「廣川さん、行くわ」と叫ぶや否やヘルメットを三角点に被せて灼熱の稜線を先行する。途中までできた時だ。「ヤッホー！」と四人が手を振ってくる。いいふりこきの私のペースが俄然上がる。滝のような汗を額から流しながら二十分で着いた時、四人が我が事のように喜んでくれる。それほどここまでの長い歩きがお互いに実感できるのだ。

立派な山名板が風雪に耐えるようにがっしりと備え付けられている。ちゃっかりと沢の本の宣伝をさせてもらうが、これで四冊売れたとは早計過ぎるな。幌尻岳をこの方面から見るのは初めてだ。中部日高の国境稜線には所々雲がかかり、屏風のような

念願かなってイドンナップ岳1752m山頂に立つ

黒いシルエットと化している。苦労して着いた山頂のお祝いにエビスの黒ビールが廣川さんのザックから出てくる。遥かなる山、イドンナップの頂で呑むにはちょっと贅沢過ぎたかもしれない。この時だけは廣川さんに頭が上がらなかった。

四十分程絶景を楽しんで次にここに来ることはあるのだろうかと感傷的になる。東側のシュンベツ川からもいつか遡行してみたいものだ。三角点までの斜面には色とりどりの花が盛夏の中で精一杯生きている。一時間二十分で新冠富士に戻る。時間がないのでラーメンを止めて下山する。

ワッカ原生花園

四人の車に乗せてもらう約束だから追いつかないといけない。

延々と続く夏道にはうんざりだ。足早に二時間歩くが姿は見えない。私が先行するが途中からはマラソン状態となる。サロマ湖１００km マラソンの最後の２０kmはワッカ原生花園の中を走る。その辛さと楽しさは経験した者しかわからない。十五回目のワッカをまさかここで体験できるとは望外の喜びだった。

サツナイ沢の川原にきても四人の背中が見えない。あせる気持ちが一層の発汗を促す。枝沢で水をがぶ飲みして頭から水を被る。皆に届けとばかりに雄叫びを上げ続ける。

暴走族

駐車地点に着いた時、正に車が発進しているように思えた。グショグショのシャツを脱いで裸のまま後部座席に割り込んだ。林道出合いまでの道はよくない。四人の中の二人はN山岳会に所属していた。共通の知り合いの名前が出てきてあっという間に駐車地点までやってくる。

廣川さんを拾いに戻り札幌に向かい出したのは十八時二十分だった。アクセルを踏むとブカブカと暴走族顔負けの異様な音がする。オイオイこれから何十キロも林道を走らなければならないのにと不安が先走る。なるようにしかならないが、半分は途中でのビバークを覚悟していた。極力振動をさけようと時速３０㎞以下の騙し騙しの走行が続く。舗装道路で人家を見た時の安堵感は格別のものだった。札幌に着いたのは二十三時を回っていた。

最後のオチは余分だったが、奥深い日高の山頂を沢からできた充実感にはいささかの影響も与えない。後日修理に出すと案の定マフラーが折れていた。かわいい子ほど手がかかるものだ。

おまけ

技術的には難しいところはないが、読図を含めて中級者向けだ。通常新冠湖から先はゲートが閉まっている。日高南部森林管理署〇一四六—四二—一六一五まで問い合わせる必要がある。蛇足だが愛車は〇七年三月に支笏湖付近で鹿にぶつかり廃車になった。鹿と愛車に合掌……。

COLUMN ❸

山親父

北海道で山登りをやっていると羆との遭遇の可能性はいつも付きまとう。まして私のように沢登り専門だと、原始性豊かなルートを歩くから、勢いその確率も高くなる。沢音がこちらの存在をかき消すことにも起因している。雄叫びを上げ続けるのが最大の羆対策だ。過去石狩岳、カムイエクウチカウシ山、エサオマントッタベツ岳など、数えたら十四頭の羆を見ている。それは二〇〇四年五月八日のことだった。南日高のトヨニ岳1493mの頂に、単独で残雪の東尾根から上がった。

重いザックと緩んだ雪で精根尽き果て、山頂直下にやっとテントを張り終えた。何気なく振り返った私の目の前に悠然と山頂を乗り越える黒い塊が飛び込んできた。体重300kg、足跡だけで40cm近くはあったろう。恐怖心は不思議とない。山親父の存在感が余りにも強烈過ぎたが、彼にとっての私は、鼻くそみたいな位置付けだった。一瞥すら与えないまま本峰から東峰へと向かい、それから駆け足で雪稜の彼方へ消えて行く。畏敬の念で見つめ続けるひ弱な山屋が一人取り残されていたのだ。

知来岳（写真）の稜線に続く山親父の足跡からは、春を迎えた喜びが伝わってくる。

III

道南の沢

●鷲別来馬川裏沢から鷲別岳(室蘭岳)911m
●泊川から大平山1190.6m
●浄瑠璃沢から冷水岳1175m
●松倉川から750アヤメ湿原

松倉川の天女の滝

鷲《わし》別《べつ》来《らい》馬《ば》川《がわ》裏《うら》沢《さわ》から 鷲別岳（室蘭岳）911m

**一般的には室蘭岳と呼ばれているが正式には鷲別岳という。

室蘭市と登別市の境界に位置する山で市民にとって母なる山と言ってもいい。

年中問わず早朝から登山者が絶えない。

夏道のあるなだらかな南斜面に対して北側は急な崖になっている。

裏沢からの初級者ルートは沢入門にうってつけだ。特筆すべきは下降で使う滝沢の存在だ。

裏沢～山頂～滝沢の周回ルートはあえて黄金回廊と呼びたいほどの魅力に富む。

雪が少ない地域だから五月末から一一月始めまで遡行が楽しめるのも有難い。**

DATA
2006／6／4　7：41林道P～11：00◎480二股～13：20山頂14：32～15：05東コル～17：10林道出合い～17：45林道ゲート
MEMBER
照ちゃん、カトちゃん、和夫さん、gan
MAP
鷲別岳
LEVEL　★

480二股にある看板の名残

面影

室蘭は私にとって忘れられない街だ。ＳＬ列車の吐く煙の匂いを嗅ぎながら三年間白老から室蘭の高校に通っていた。数年前までは単身赴任していたから、夜な夜な室蘭駅前の裏浜通りを徘徊するのが常だった。沢形に沿った町並みは昭和三〇年代四〇年代に栄華を誇った面影が今も随所に残る。

天気予報は曇りだった。ＪＲ幌別駅から幌別ダムの脇を通って鉱山町まで８㎞ほどだ。橋の先から左の林道を入る。すぐの橋を渡り、十分走ると左岸から右岸に行った先に分岐がある。左に行くと滝沢からの林道になり、右を進めば鉱山町から３・５㎞で

ゴルジュを行くのが何とも楽しい

広場に着く。

山菜取りの車が数台止まり、周囲にゴミが散乱している。下山してきたおじさん達と沢登りの話をするが意味はよく通じない。一〇名ほどのパーティーが先に入渓する。青空が少しずつ広がり出す。絶好の沢日和になりそうで四人の顔にも晴れ間がのぞく。マラソン仲間の**カトちゃん**、**照ちゃん**は初めての沢登りに実感が湧かないのも無理はない。ＨＹＭＬ仲間の**和夫さん**はＮ山岳会にも所属している超ベテランで心強い援軍となる。

至福

広場から歩いてすぐの川又温泉の標識に沿って右に入る。五分歩けば２００の入渓地点は二股になっている。温泉は右沢沿いを十分ほど行くが、温泉とはいえ冷泉に近いから盛夏でなければ入る気はしない。左沢を進む。ここから２９０まで第一の核心部が展開する。岩が青く見えて魚も棲めないような清い流れに足を浸す。十分歩けば直径５ｍの釜があり、その上がナメ滝になっている。

ゴルジュがあるが極力巻かないでへつって行く。１０ｍの滝がある。下は薄暗い。左端から慎重に上がると青い沢床が続いて、上はナメになる。水は全く冷たくない。この時季から沢登りができるとは何て幸せなんだろうとしみじみ思う。初体験の二人はおっかなびっくり足を運ぶが、徐々に歩きも様になってくる。写真担当の**和夫さん**は前に行ったり後ろについたりとアングルに気を遣う。

八時四十分、２９０で左から沢が入る。３４５で右からしっかりした沢がくると、次の３７５二股は水量が同じだが、左を進む。４２０の二股は右股の水量が多いがこ

手の平ほどもある滝沢のシラネアオイ

こも左を取る。

まだ期待する葱は姿を見せない。

九時半、430で二段8mの滝がある。上の滝には丸太がかかっているが一抹の不安感は隠せないから、下から上がる。すぐに4mのゴルジュ滝が続く。450二股は四対三で水量に勝る左を取ると、程なく480二股となる。水は右が遥かに多い。ここには以前小屋があったという。欠けた黄色のプラスチック板には室蘭岳と書いてある。先行パーティーは右股を進んだようだ。ここからの左股が第二の核心部となる。

年季

570の8mの滝は直登も可能だが、ザイルが設置してあり使わせてもらう。二本のザイルはどちらも相当な年季が入る。ところどころに雪渓が顔を出し、踏み抜きに神経を使う。600二股は右も左もナメになり、右の先で枝沢が入り三俣状になっている。右の斜面を見ると、あるじゃないですか。葱が独活がこごみがそこかしこに視界を塞ぐ。その周囲にはシラネアオイの群落が薄紫の花を咲かせる。左股を進むとすぐにまた二股となる。ここを左に行くのが山頂へのノーマルルートだが、間抜けなリーダーは右を取る。

呆れ顔

すぐに間違いに気付いたが戻るのは止めた。面白さは本来のルートより遥かに上だ。**照ちゃん**が鬼のような形相で必死に私の後を追う。**カトちゃん**には多少の余裕が見え隠れする。最後尾の**和夫さん**が**照ちゃん**の補助係りをしてくれて、難所を次々越えてくる。小さな突起があるナメの急斜面が続き、三回ザイルを

設置ザイルのある滝を登る照ちゃん

出して確保する。経験者ばかりならその必要もないだろう。源頭から稜線までは間近だが、木のある斜面までの草付きが多少難儀だ。バイルの世話になるが、フェルト底の渓流シューズにはきついところだ。

目の前に突如楽園が出現する。一旦腰を下ろせば動くことなく葱が手に入る。**和夫さん**と私は山頂での昼の手当てに忙しい。山菜に興味のない二人は呆れ顔した視線を投げる。周りにはまたもやシラネアオイの乱れ咲きだ。花より団子の光景が室蘭岳山頂直下の急斜面で沈黙の中に流れ続ける。

白鳥湾

稜線に上がってから踏み跡を三十分ゆっくり辿ると平坦な山頂に着く。予定では十一時半着だったが、ルート違いと山菜採りで二時間遅れる。風がない山頂はポカポカ陽気でまだ早い初夏の到来を感じさせる。

ジンギスカンとラーメンには山盛りの山菜が入る。北国育ちの**照ちゃん**が葱を初めて食べると聞いて、今度は私が呆れ返る。満腹も手伝いこのまま泊まりたい気分になってくるが、そろそろ下山しないと明るい内に林道に着かない。カムイヌプリとの夏道分岐からは室蘭港を跨ぐ白鳥大橋と白鳥湾が一望だ。背後に広がる噴火湾の先には駒ケ岳から恵山《えさん》へ続く渡島《おしま》半島が連なっている。この絶景を見るだけでもこの頂に立つ理由付けには十分過ぎる。時がこのまま止まって欲しかった。

ためらい

カムイヌプリと室蘭岳の間の東コルまでは三十分ほどだ。コルから南に行けば水元ルートとなり、真っすぐ進めばカムイヌプリ山頂になる。下りで使う滝沢は左に折れる。初めて滝沢を降りた時、その陰影に満ちた苔と滝の連

鷲別来馬川裏沢～鷲別岳（室蘭岳）

登別市
鷲別来馬川
温度が低いので
盛夏向き
川又温泉
第一の核心部
ゲート
林道終点
苔むした
滝やナメが続く
480二股
ノーマルルート
第二の核心部
鷲別岳
911m
（室蘭岳）
ここからの室蘭港の
眺めは素晴らしい
カムイヌプリ
750m
西尾根ルート
南尾根ルート
室蘭
室蘭市
水元ルート
N
0 500 1000m
国土地理院2万5千図の70％

カムイヌプリへの分岐からは室蘭港が一望だ。

滝沢下降は迫力満点

続には宝物を見つけたような得した気分になったのを覚えている。地元の一部の愛好家だけに知られた秘密の名ルートを裏沢と比較することすらためらわれる。その美しさを表現するには私の筆力では到底及びもつかない。下りで使うのが勿体ないというのが正直なところだ。

４５０で２０ｍの大滝が出てくる。左岸に設置ザイルがあるから利用する。**カトちゃん、照ちゃん**は初めての沢の下りに緊張感に包まれる。既に沢の魅力に取り付かれつつあるのが一目瞭然だ。４２５でトイ状の直瀑は１０ｍ近い。ここも左岸にザイルがあるから安心だ。４００で左から水量豊富な沢が合流する。どちらも滝を持ち、脇に生えた苔が悩ましい程のしっとり感で四人を迎える。３８５二股も１０ｍの迫力ある滝だが問題はない。３７５で幅１０ｍ高さ５ｍのがっしりした滝が出てくると、すぐに５ｍの滝が続き、二段重ねの滝となる。その後も小さい釜があり、微妙なへつりで楽しませてくれる。

３７０で高さ１０ｍ近い巨岩が沢の半分を塞いで、脇の急なナメ滝に気が抜けない。そこから下に２００ｍものナメが続き、苔が生えていればクワゥンナイ川の縮小版にはなりそうだ。３４０で左から沢が入ると林道は近い。十七時十分に滝沢下りは終了する。

アヨロ温泉

林道終点は広場になっていて数張りのテントも可能だ。夕暮れ間近の林道を満足し切った四名がゴミ拾いしながらのんびり歩く。林道ゲートに着いたのは朝出てから十時間を回っていた。車の回収に隠しておいた

「隊長腹減ったあ〜」「大五郎だって3分待てるのに……」

シューズに履き替え、私は砂利道を走る。距離は短いが登り道なので疲れた体には結構なアルバイトだ。残った三名はゲート周辺の清掃に精を出す。毎年拾っていながらもイタチごっこはいったいいつまで続くのか。

帰途寄った虎杖浜のアヨロ温泉は気に入っている。ヌルヌルした泉質は如何にも温泉を感じさせ、源泉一〇〇パーセントの掛け流しという贅沢さだ。三百円の料金には涙が出る。

汗を流してさっぱりした四人だが、とりわけ**照ちゃん**、**カトちゃん**の充実しきった顔には、既に一端の沢屋風情が漂っていた。

おまけ

二股からのノーマルルートはそのまま行けば岩壁に突き当たる。左側に踏み跡と設置ザイルがあるから、急な登りを我慢すると稜線に上がる。滝沢は登りでも使えて、レベルは★だ。滝には設置ザイルがあるので安心して遡行できる。カムイヌプリも絡めれば色々なルート設定が可能だ。

泊《とまり》川《がわ》から大《お》平《びら》山《やま》　1190・6m

標高こそ平凡だが、一度は登りたい道南を代表する山の一つだ。特異な石灰岩帯のためオオヒラウスユキソウを始めとして高山植物が繚乱し、それを目的に訪れる登山者が絶えない。夏道の尾根の北側に沿ってあるのが泊川直登沢だ。後半は草薮漕ぎが続くが山頂直下付近のお花畑は圧巻の一言だ。

DATA
2006／7／29　5：28◎120湯の沢橋～7：25◎490二股～11：20◎1135藪突入～11：40山頂12：40～15：05湯の沢橋

MEMBER
山ちゃん、洋ちゃん、gan

MAP
大平山・賀老高原

LEVEL　★☆

ボンカレー

島牧国道から9・5㎞、1227mの立派な河鹿トンネルを抜けた先で、島牧村と今金町を結ぶ道道836号線の建設は中止された。お陰で登山者は僅か100m余りの歩きで登山道へ取り付くことができる。実質登山者専用とも言える何とも贅沢極まりないトンネルだが、世の実情を考えると中止は当然の成り行きだろう。

トンネルを抜けた先での前夜のキャンプだった。献立担当は山ちゃんだ。ボンカレーと言えば温めるだけの簡便さが売りだが、味はそれなりのものだという認識しかない。松山容子のCM世代には正に隔世の感がある味わいに驚く。レトルトカレーも美味しくなければ売れない時代だ。テント前での宴会は今日一日の浄瑠璃沢の疲れと温泉での体の火照りが交錯する。

泊川～大平山

島牧の海岸へ
オオヒラウスユキソウはじめ
高山植物が咲き乱れる
この間ほとんど
草薮こぎとなる
大平山
1190.6m
30m大滝は
右に巻き道あり
230二股
560付近から
右へ入る
この間も
花が多い
泊
川
0
500
1000m
国土地理院2万5千図の70%

惚れ惚れする大滝は右から巻けば簡単だった

大酒呑みの二人に長く付き合っているほどのスタミナはない。熊石からの車中でビールに冷酒と煽った私には定量が近づいている。早々にテントに入るとものの五秒でイビキが聞こえたと翌朝言われる。ちょっと大袈裟過ぎないか。

痺れ

バナナ三本と焼きそばの朝食を摂っていると紺色の車が一台到着する。降りてきたのはＨＹＭＬ仲間の江別の川口さんだ。前夜は宮内温泉に泊まったという。夏道から登る川口さんと別れ、我々三人は目の前の湯の沢橋から入渓する。空模様はまずまずだ。

この沢を行くのは二度目となる。以前単独できた時に560付近の沢の分岐を見失い、そのまま詰めた。途中から藪の大トラバースをして何とか山頂にたどり着く。買ったばかりのバイルを落とすおまけまでついた。まだ体力が有り余っていた頃だから良かったが、今の私ではきついだろうな。

沢水がえらく冷たく感じる。理由は明快だ。いつものネオプレーン靴下に替えて化繊物にしたからだ。もう夏だからと思ったが、足先の感覚がなくなっている。230分岐までは早朝なのも手伝って暗い沢相となる。石もよく滑るから慎重に歩みを進めると、時折魚影が闖入者達を歓迎してくれる。

後塵

230二股から右に入る。石に緑と黒い苔が付き、そのうっとりする程の華麗な模様に朝から目が釘付けとなる。黒い苔はまるで岩海苔を見ているようだ。左右から蕗が覆い被さって、それを掻き分けながら前進する。幾筋もの細い雲が晴れ渡る天空から我々を監視している。280で左に屈曲する左岸には雪渓が残って

大滝を登る山ちゃんを上からザイルで確保する

いる。本流には４ｍの滝がある。

この付近から沢の美しさに一層の拍車がかかる。小滝が次々連続して高度も目まぐるしく上がりだす。先頭の二人を含めて三人揃って歩みが遅い。特に私はメモを取るのにしきりに立ち止まるから時間がかかり、二人の後塵を拝してばかりだ。六時三十二分、３７０で３０ｍの大滝に遇う。惚れ惚れする程のスケールだ。それも四段の階段状になり最上段はのっぺりとした四角い岩壁で、登攀意欲を木っ端微塵に打ち砕く。

拍手

それでも何とか行けそうに見えたのは右寄りからだ。下から見上げると上に小木があり、それを掴むと何とかなりそうに思える。私が先行する。一歩目の足場を**山ちゃん**に手でフォローしてもらい、何とか小木まではたどり着く。木は如何にも頼りない。一〇〇パーセントの確信はないが何とか持ちこたえてくれるだろう。しかしもう一手が難しい。上にしっかりした手掛かりがないからだ。シュリンゲを木に結んで安全を確保して右から上がろうと試みる。左手を置く場所がない。右手も取っ掛かりがないから草を掴むしかない。それでも何とか突破して上がった時には下の二人から万雷の拍手を貰う。

下から見るよりも滝上から見下ろした壮大さはそれは見事なものだった。苦労して上がってから気づくと更に右寄りに簡単な巻き道がある。**山ちゃん**にはシュリンゲ回収で同じルートをきてもらう。ここだけで三十分は要したろうか。私の達成感は言うまでもない。

ここから先も小滝が続く。朝陽が沢に降り注ぎ乱反射する光のシャワーが気まぐれな沢屋の動きを追う。正面高くに山頂から派生する稜線が背景の空の青さを際立たせる。七時二十五分、４９０二股に着く。右から勢いある流れが入るが、上の状態が確認できない。見た目では伏流水になっているようだ。ここで念のため水を汲む。進むべき左本流は微かな流れで雪渓が５０ｍ沢を埋め尽くす。問題はそこから先だ。読図の限り山頂への沢は５６０付近から右へと入る。６００まで行ってもその気配はない。前方に尾根の末端らしき出っ張りがある。

鳩首会談

鳩首会談が急遽開かれる。そこから右へトラバースするか、一旦下まで戻るかだ。**洋ちゃん**は前者を推すが**山ちゃん**は後者を選ぶ。付和雷同の私にはどちらを選択しても許容範囲に見える。**洋ちゃん**と右の尾根に上がって観察すると５６０付近には確かに沢筋が見える。しかしそれもすぐ先で藪に消えているようだ。５６５まで一旦下がり、右にトラバースして沢筋を上がる。以前の私はこれがわからず直進していた。

先ほどの出っ張りを左に見ながら所々の踏み跡を繋ぐ。沢歩きというよりも沢藪歩きに近いが草がほとんどだから苦にはならない。６９０で十分の小休止だ。朝の用足しで**山ちゃん**が消える。九時十五分、８００で**洋ちゃん**が写真を撮るのを見ていた**山ちゃん**が「大変だ」といきなり叫ぶ。６９０にカメラを忘れてきたという。あそこで運もウンも尽きていたのか。息を切らして戻ってきたのは九時五十分だ。十分の休憩を追加して更に沢藪歩きは続く。

山頂まではまだ小一時間草藪を漕ぐ

花園

左右に展開する稜線が日高の山並みを思い出させる。幅１００ｍ以上もの広い沢筋はまるでカールを再現しているようだ。正面には明瞭な山頂からの稜線が見えている。中央左にコルのような窪みがある。確信が持てないが山頂のすぐ北から西に派生する尾根の分岐になるのだろう。

１０５０でオオヒラウスユキソウが迎えてくれる。イブキトラノオもそこかしこに飄々と揺れている。紫色の花が蝦蟇の穂みたいな茎に付いているのはウツボグサだ。時季の遅い葱に食べて欲しいと今頃言われても困るだけだ。沢から登った登山者しか知らない花園は大平山の魅力の深さを存分に教えてくれる。１１００で沢筋は分かれる。右を取ると山頂直登になるが左のコルを目指す。少しでも藪漕ぎが回避できると見たからだ。

刺激

コル手前から右上に向かう。珍しいことにオンコの木が生えている。木々の間を縫いながら山頂までのカウントダウンが始まる。川口さんへの知らせもあって雄叫びが一段と甲高い。平坦な山頂付近は這い松の枝渡りだ。僅か二十分の格闘で笹に囲まれた頂に着く。

三人の登山者が迎えてくれた奥にもうひとパーティーが立っている。この春に藻琴山を一緒に登ったＨＹＭＬ仲間の高柳さんだった。予想だにしない再会に感激を新たにする。川口さんは既に下山していて、その健脚には驚かされる。

一時間まったりと過ごす。眺望は利かないが充実した歩きはそれを補って余りある。座ると風も当たらずに薄曇の空から微かな陽光が差し込んで暖かい。寄せ集めのラー

イブキトラノオやトウゲブキの
お花畑は旬が過ぎている

メンには独活、ヤチブキ、葱が入るが流石に葱は硬くて匂い付けに過ぎない。運転手の**山ちゃん**を差し置いて他二名はささやかな祝杯を上げる。サッポロクラシックとサントリーぐい生を呑み比べると値段と味の違いは正直だ。しかし贅沢は言うまい。僅かなウイスキーの水割りを追加して山頂宴会はお開きにする。

山頂下にはシナノキンバイが咲き乱れる。エゾカンゾウは終わりに近いがあせた橙色が最後の命を燃やしている。９４０まではオオヒラウスユキソウも至るところに姿を見せる。カワラナデシコのピンクの花は、私には何故か知ってはいけない大人の世界に思えてしまう。純情な子供にはちょっと刺激が強すぎる。

ツッコミ

ゆっくりと花を愛でながら下ったが、それでも三時間かからなかった。

駐車地点の対岸にある河鹿の湯はぬるくて狭くて入れない。湯垢がたまった岩の上には湯が涌き出る穴があり、時折四〇度近い湯が出てくる。立ち寄った宮内温泉は実に素朴な佇まいだが、それがまた秘湯の雰囲気を醸し出す。四百五十円で朝九時から営業しているのは嬉しいものだ。

運転を**山ちゃん**に任せ私と**洋ちゃん**はＣＤを聴きながら二日間の余韻に浸りっぱなしだ。初めて演歌、歌謡曲がかかっている。サブちゃん、森昌子、美空ひばりの名曲が続きオヤジ二人の歌声は車が耳を塞ぐほどだ。テレサ・テンの『時の流れに身をまかせ』が**山ちゃん**をしんみりさせる。結婚式のキャンドルサービスで使ったという。「いまはあなたしか愛せない……」とは確かにそうだ。妙なツッコミで爆笑の渦の中に同床異夢の不思議な時間が紛れ込む。

平らな山頂は笹に囲まれている

オトギリソウ

おまけ

沢自体難しくないが560付近から右に入るのは初級者では判断が難しい。読図とルート判断を加味するとレベルは☆が付く。花の魅力とあいまって、一段と深みのある遡行が楽しめる。

ウツボグサ

浄《じょう》瑠《る》璃《り》沢《ざわ》から冷《ひや》水《みず》岳《だけ》 1175m

冷水岳は道南の雄、遊楽部岳の南にあり、
旧熊石町ひらたない温泉奥に夏道の取り付きがある。
羆の多い生息地であり休日でも登山者を見かけることは稀で、
その分原始性が色濃く残る。
浄瑠璃沢は中級者向けの沢で特に両岸迫る580の滝には鳥肌が立つ。
フル一日を要するルートだが遡行する価値がある魅力ある沢だ。

DATA
2006／7／28　4：57雲石橋～5：06◎170入渓～11：24◎1050コル～11：49山頂12：37～15：20◎290夏道登山口
MEMBER
山ちゃん、洋ちゃん、gan
MAP
遊楽部岳・渡島鮎川
LEVEL　★★

馬場亭

週末は日高のイドンナップ岳を沢から予定していたが予報では金曜はまだしも土曜はよくない。「浄瑠璃」という名前に惹かれて以前からこの沢も狙っていた。**山ちゃん**、**洋ちゃん**の二人パーティーに飛び入り参加する。『山谷』では!!のレベルだからハーケンなど使わない私には限界の沢だろう。

二十時半に**山ちゃん**宅に集合する。セイコーマートに寄って酒を仕入れ、二人はご機嫌で呑んでいる。運転手に気を遣い、なんて野暮なことをしないのが我々のルールだ。HYML仲間の八雲の馬場さんに昼間メールを入れたがレスがない。自宅脇にある倉庫で雑魚寝させてくれまいか、というお願いだった。どうせ数時間しか眠れないからテント設営撤収の時間が惜しい。車中から電話を入れると快諾してくれる。

二十三時半に着いた時馬場さんの人なつっこい顔と共にクラシックビールと葱の醤

230三俣の難所で行き詰る

油漬けが歓待してくれる。おまけに小林酒造の何やら高そうな日本酒が一升瓶で出てくる。何とか一時にはシュラフに潜り込むが眠った内には入らない。

三時前には起きて準備する。馬場さん有難うね、と静まり返った邸宅へ向けて頭を垂れる。曇り空だが気温はまずまずだ。八雲から旧熊石

第一関門

への雲石《うんせき》峠を越える。雲石橋を渡ってすぐ左に駐車場がある。向かいの脇道から工事中の道路に上がりその先170で入渓したのは五時六分だ。両岸が狭い渓谷に期待感が高まっていく。時折魚影が行き来する。

230で三俣になる。水量は左から一対一対三というところだ。本流は右だが先で10mの滝になり、下は放射状の流れになる。難関な場所だ。左右は切り立った崖になり滝を直登するには足場がない。人間踏み台を二つ重ねても届きそうもない。左脇から取り付いてみる。**山ちゃん**が先行するが立ち往生して戻ってくる。私がその右から行ってみる。何とか行けそうにも見えるがその先でどうなるのかわからない。この間、中俣を偵察してきた**洋ちゃん**が何とか乗っ越せそうだと報告する。

悔い

結局一時間ばかり時間を食う。中俣を40m行くと沢は左にカーブする。屈曲点付近から乗っ越さないと本流から大きく反れる。右への急登を試みる。

私が先行するが途中からバイルを使わなければならないほどの疎林と斜面だ。**洋ちゃん**、**山ちゃん**は奥の斜面を行く。下を見れば肝が縮む。60m近く上がって細尾根に辿り着くまで全く息を抜けない。**洋ちゃん**も先の尾根に着いたようだが、渓流靴の**山ちゃん**は苦労している。右下には先ほどの滝の上に更に20mの滝が見える。まとめ

凱旋門を思わせる岩壁には身震いを覚える

て高巻くために尾根の先をトラバースする。幸い木々も密集していないから助かった。七時十五分、沢床に降りるまで一時間四十五分も費やしていた。

２０ｍの滝の落ち口は僅か５０㎝の狭さでそこから豪快に流れ出る。下から見たかったなあと一気の高巻きを悔いても遅い。上には釜持ちの７ｍの滝が続く。朝食を摂りながら迫力ある高巻きを振り返っていた。

凱旋門

七時四十三分、３２５で左から沢が入る。４００で両岸に巨岩を従えた５ｍの滝が下に深さ数ｍの釜を持って現れる。その青々とした色合いには見ているだけで引き込まれそうな力を感じる。湿度が異常に高い。三人ともシャツが汗でベトベトだ。私と**山ちゃん**は前週土日のラルマナイ川、発寒川の遡行の疲れが歩みに出ている。階段状の易しい５ｍの滝も出てくる。八時二十四分、５００で茶色い岩盤の５ｍの滝に出合い、５５０では左右三対一の水量の分岐は左へ進む。

５７０の５ｍの滝を右の草付きから越えて行くと５８０で最後の難関が仁王立ちして迎えてくれる。それはまるでフランスの凱旋門を思わせるような岩壁を持った滝だ。左右の壁の高さは４０ｍ前後だろうか。右は上でオーバーハングになっていて左右の隙間は僅か３ｍだ。滝は１０ｍほどだが簡単には登らせてくれない。私と**洋ちゃん**の地下足袋では始めのスラブ状の取り付きで滑って駄目だ。渓流靴の**山ちゃん**の出番となる。最初の足場を手で支えて右寄りに上がるが最後左に渡るのがきわどい。ザイルを貫い残りの二人が登り切るまで二十分余りかかっていた。

凱旋門の上にある２ｍの小滝は**山ちゃん**だけが直登してシャワーを浴びる。続いて

浄瑠璃沢〜冷水岳
熊石町
夏道出合い
冷水岳
1175m
読図力が要る
平坦な流れ
凱旋門のような
10mの滝
浄瑠璃川
笹が
被さった道だ
この間、迫力ある
登りが続く
屏風岳
938m
ニセピークに
何度もだまされる
230三股は中股を行き、
右尾根へ上がる
入渓地点
P
橋の渓流
見市温泉
熊石大谷町
見市川
夏道登山口
N
0 500 1000m
国土地理院2万5千図の70%

渓流靴の山ちゃんが右よりにアタック開始

水量が減って源頭まではもうすぐだ

の２ｍは足場がない。先行の洋ちゃんの足を私が下から手でフォローすると、すかさずシュリンゲが降りてくる。何回も一緒に遡行していると暗黙の内に流れるような動きが出てくる。

迷路

６８５で白い岩盤の１０ｍの緩い滝が現れる。九時五十六分、８３０分岐の二対一の左右の水量は左を取る。

そろそろ源頭は近い。右から小沢が入るとその先で赤い岩盤の小滝が連なる。９００で一旦伏流になり、不安に駆られて水を汲む。９４０で２ｍ、４ｍの滝だが黒い岩はヌルヌルしていて右から巻く。十時三十八分、９６５で左右とも僅かに流れがある二股に着く。既に地図では平坦な稜線手前になり、選択に迷うところだ。左を進むと９９５の分岐は右にしっかり流れがあるが、チョロチョロの左に入る。

１０００で水が涸れた二股は一旦右に進むが途中で沢形は尽きる。戻って左に入ると次の分岐は流れのある右を選ぶ。そこから先は左、右、右と分岐を進めば遂に薮に突入だ。迷路のような沢の蛇行が何とも楽しくてしょうがない。奥冷水岳と冷水岳の間の１０６０コルを目指して磁石を切る。洋ちゃんを先頭に十五分で踏み跡程度の縦走路に出合う。楽な部類の薮漕ぎだった。

山名板

十年ほど前に単独で白泉岳から遊楽部岳まで縦走し、一泊して冷水岳経由でぐるっと一周したことがあった。このルートを歩く登山者はひと夏にいったい何人いるのだろうかと思うほどの道になっている。途中途中で踏み跡を探すのに苦労する。三人の疲れが頂点に近いのは亀より遅い歩みでわかる。何とか山頂

凱旋門の滝を登り切り、ザイルを片付ける

滅多に人が来ない山頂にも立派な看板がある

に着いたのは十一時四十九分だ。

　以前の記憶はないが細長い頂には墨で書いたのか立派な山名板が掛かっている。視界は利かないが暖かい。ワカメラーメンが実に美味い。納豆を二個持参したつもりだったが一個しか見当たらなくてがっかりする。誰も何も言わないが復路をどうするかは暗黙の了解だ。当初は冷水沢を下降する予定だったが疲れ切った体には初めての沢は精神的に辛いものがある。難易度も結構なものらしい。夏道を誰もがさも当然のように歩き出す。問題は駐車地点と下山口が１０㎞程も離れていることだ。

ヒッチハイク

　屏風岳へ向かう登山道は笹が被さり初心者だけなら途中で引き返すかもしれない。屏風岳はその名の通り屏風のように横に長い山容だ。何度ニセピークに騙されたことだろう。登山口手前の松林では誰が付けたのかピンクテープがそこかしこで踏み跡を探すのに苦労する。右寄りに下れば道らしきものがある。

　三時間弱で道路に出る。車の回収にヒッチハイクを企てるが三人だと多すぎる。二人を残して私が先に歩き出すが、一台通っただけで国道まで歩く羽目になる。雲石峠へ向かう分岐まで結局一時間歩いてもうヘトヘトだ。十分立ち尽くすと長万部へ帰る車が停まる。お嬢さん二人は沢登りの意味もわからない。これ幸いに沢の本の宣伝に力が入るが、果たして購買まで繋がったかどうかは疑わしい。見市温泉で汗を流し、明日の予定の大平山《おびらやま》へ車を走らせる。**洋ちゃん**に運転を任せて、残りの野郎はビールに冷酒をたて続けに煽っている。至福のひと時が何も沢中だけとは限らない。

トウゲブキの花

主のいないセミの抜け殻に夏本番を感じる

おまけ

源頭の分岐で迷っても慌てる必要はない。磁石を切って進めば間違いなく縦走路に出合える。羆対策も怠れない。遊楽部岳への縦走もいいが、前岳～遊楽部岳間はほとんど廃道に近い。

松《まつ》倉《くら》川《がわ》から750アヤメ湿原

頂を目指す沢ではない。歩きそのものを楽しむ典型的な沢だ。
松倉川は函館湯の川温泉の河口から袴腰岳《はかまこしだけ》の源頭まで全長２４㎞程の沢に過ぎない。
かつてダムを作る計画もあったが、
地元関係者の熱心な努力が実り建設は中止になった。
一度でも足を踏み入れると川が守られたことに誰もが感謝を覚えずにはいられない。
珠玉とはこの沢の為にある枕言葉だ。

乾燥化が進むアヤメ湿原

DATA
2006／5／27　9：55◎300水の沢出合い〜12：20ご神木〜15：20アヤメ湿原
MEMBER
廣川さん、高橋さん、グチパパ、洋ちゃん、山ちゃん、高さん、gan
MAP
赤川
LEVEL　★

脳裏

松倉川を遡行したのは十年以上前のことだ。当時単身赴任で函館にいた私はその渓流美を噂に聞いていた。転勤前に一度は遡行しようと思い、単独でアヤメ湿原まで歩いてみた。詳細な記憶は忘却の彼方だが、苔生した沢のしっとりした趣はしっかり脳裏に刻まれている。

早朝四時に札幌を発つ。地元からはＨＹＭＬ函館支部長を自認する**グチパパ**と、初対面の**高橋さん**がトラピスチヌ修道院近くの駐車場で待っていた。出発準備する一同の顔には松倉川への期待が膨らみ笑いが絶えない。おまけに天候は申し分ない。初夏に近い気温はシャワークライミングも苦にならないだろう。

湯の川温泉から来るとトラピスチヌ修道院近くの達磨大師のある交差点を左へ曲がる。「函館国の子寮」の看板を目印に左へ入る林道を行く。交差点から１５㎞で水の沢

松倉川～750アヤメ湿原
畳敷原野
羽衣の滝
この沢も遡行する
価値は十分ある
天女の滝
455分岐
ブナのご神木
三段の滝
黒滝
アヤメ湿原
この間、全く飽きる
ことのない遡行だ
330二股
雑魚止まりの滝
水の沢林道分岐
白滝沢川
天狗沢川
三森山
N
0 500 1000m
国土地理院2万5千図の70%

いきなり松倉川ワンダーランドの始まりだ

林道の分岐が出てくる。入渓地点は左に入った200m先にある。今日はアヤメ湿原までの予定だからと、私と**グチパパ**と**山ちゃん**の三人で車を回す。

途中に分岐が幾つか出てくるが、左、左と進む。最後の左はアヤメ湿原の標識があるから迷うことはない。12㎞先の750の湿原に一台を置いて戻ると一時間は優にかかっている。

ワンダーランド

水の沢林道入口に車を置いて五分歩いて300で入渓する。沢に降りた瞬間から松倉川ワンダーランドが展開する。驚嘆混じりの歓声が狭い谷間に木霊する。すぐ右から小滝が入り込み、清流と苔の世界の始まりとなる。320で5m三段の滝が出てくる。雑魚止まりの滝だ。下にはそれぞれ青々した釜を持ち、その怪しい魅力に誘惑されそうだ。

330二股は左右の水量が三対二で多い方の左を進む。

この沢全体が一枚岩盤みたいなものだから、ナメが延々と続くようだ。時折魚影が足下を脅かす。所々に小滝があって、下には釜を持つ。青葉が太陽の光線を反射して眩しい。355の5mの滝は釜を巻いて右から上がる。

初物

十一時に360で左から小沢が入ると370でゴルジュのような滝を越える。すぐに釜があり、その上には3mの小滝が待つ。左岸右岸には葱が顔を見せる。初物に飢えた私は一本を生噛りすると、口中に何とも言えない葱の香が充満し、天国に昇るように気持ちが浮ついてくる。

385、390で続いて右から小沢が入る。都度地図を取り出して現在地と照合す

川を見守ってきたご神木と鳥居

るが、**高橋さん**が丹念に検証しているのに感心する。３９０の釜にはアメマスが群れとなって泳ぎ回る。十四の汚れた瞳で覗いても逃げる素振りは全く見せない。ダムができていたなら彼らの棲家はいったいどうなっていたのだろう。

４００で５ｍ強のスラブの滝は左から、４０５の幅１０ｍ高さ５ｍの滝の横には雪渓の固まりがある。すぐ先に僅か３、４ｍの滝だが、手前は奥行き１０ｍはあろうかという大釜がある。一旦偵察に行ったがここは無理だと諦めて左から巻く。沢床への下降は安全を期してザイルを使う。前半のハイライトはここで終わる。

何でもない釜で**グチパパ**が足を滑らせ泳いでいる。小さい釜だからその内上がるだろうと思い、皆傍観者を決め込むが苦戦している。すぐに頭が沈み、慌てて**洋ちゃん**が助け舟を出す。岸に上がった**グチパパ**は水を結構飲んだようで盛んに咳き込む。気温の高さが幸いした。中で渦が巻いていたらしいが、泳ぎが得意かどうかは聞きそびれた。

ご神木

十二時四十分、４３５でご神木と呼ばれる樹齢百年以上はありそうな巨木がある。幹の直径は１ｍ近い。３ｍから上は左右に幹が分かれていて、名前に負けない風格を感じる。松倉川の清流をいったいいつから見守り続けているのだろうか。根元に立つ朽ち掛けた鳥居に向かって頭を垂れる。右から林道が入っているからここから帰るのも選択肢の一つだ。

ゆっくり歩いてきたが疲れが出る頃だ。４００までのしっとりした渓相は陰を潜め、ここからはワイルドな歩きが湿原まで続く。４４５で右から沢が入るとすぐ先の４５

迫力ある滝も出てきて面白さは青天井だ

5でまた分岐となる。水量の多い右を進めば迫力ある羽衣の滝と天女の滝があり、アヤメ湿原の北で林道に出合う。

左を取ると先で右から小沢が入り、そこで大休止とする。ラーメン用の葱が見当たらない。姿を消した**高橋さん**が何処からともなく独活とあさつきを調達してくれて、盛り沢山の具入りラーメンが腹ペコ達を満足させる。四十分余りも休み十三時四十五分に腰を上げる。

難所

しっとり感はないが所々に一枚岩盤が続きそれなりに遡行は楽しめる。570で1、3、5mの三段の滝が連続し、最後の滝には左から斜めに太い倒木がかかる。見るからに滑りそうだから倒木は使えない。右手前から私と**廣川さん**は低く巻き、他は大きく高巻く。早く沢床に降りた私達が他を下降地点に誘導する。ここは高巻き過ぎると疎林なだけに注意がいる。ここだけで二十分余りを費やす。途中全くなかった葱も再び顔を出す。

十四時五十分、690で20mの通称黒滝が現れる。直登は無理だ。10m左にも小滝が落ちる。さてどうしたものかと逡巡する。右からの高巻きが一番安全だが、三十分はかかるだろう。左からの高巻きもちょっと微妙だ。小滝の右へ向かって登るが岩がもろいのでもう一歩踏み切れない。進境著しい**洋ちゃん**が何とか先行してザイルを貫う。ここも全員が登り切るまで二十分以上もかかっていた。

十五時二十分にアヤメ湿原の林道に上がる。七人が揃って破顔一笑だったのは、沢の魅力から当然過ぎた。湿原を背にする記念撮影がこれほど清々しいのにはそれなり

アヤメ湿原に着いて
満足しきった中高年沢登りご一行様

の訳があったのだ。

裏切り

定員七人の車だが、私と洋ちゃんの五十代の若手二人は荷物置き場にザックと共に座り込む。ザックから安い隠しウイスキーを取り出して、水割りでささやかな乾杯をこっそり行う。林道のでこぼこが表面を波立たせ、汚れた沢ズボンにまで呑ませてしまう。その味はレミーマルタンに優るとも劣らぬものだ。

人に裏切られることはあっても、松倉川には決して裏切られることはないであろう。今までも、そしてこれからも永遠にその美しい渓谷を守って行くのは私達の責務だろうな。幸せな揺れがいつまでも続いていて欲しかった。

おまけ

札幌からだと函館は遠いが時間と労力をかけても出掛ける価値ある沢と思う。４５５分岐から右の沢詰めも一度はお勧めしたい。３０ｍの二つの大滝は迫力満点だ。

ganさん、沢のズボンを捨てられない

私が小学生時代を過ごした昭和三〇年から四〇年代は日本の高度経済成長の絶頂期であった。貧しさと豊かさが錯綜しながら徐々にその割合が変わっていくのを子供心に感じていた。

私の育った白老町にはポロト湖があり、スケートの本場だ。冬のスケート大会は運動神経に欠ける私には唯一存在感を示せるものだった。もう残ってはいないだろうが町内記録を作ったこともある。

コーナーワークが当時の一流スケーターである鈴木恵一選手のようだとおだてられ、その気にさせられた。

スケートズボンがいくらしたのか知らないが、中学生の時に買ってもらった。何故か社会人になってからも手元にあって、いつしか山のズボンになっていく。沢をやり出してからは沢専用と言っていい。ズボンを履く度に昭和時代に思いが巡り、懐かしきふるさとで過ごした日々が胸中を去来する。酷使に酷使を重ねたズボンは何度も修

理をしているが、もはや限界に近いのは誰の目にも明らかだ。膝頭や尻にありあわせの布切れを当ててはいるが、雑巾にすらならないだろう。沢だからいいようなものだが、街中で履くには勇気が要る。

でも捨てられない。米粒ひとつ茶碗に残してゲンコツをもらったオヤジは九十歳を越えている。そんな育てられ方とズボンの因果関係が全く無縁とも思えない。「沢登りの格好のお前とは一緒に歩きたくないわ」と八十四歳のおふくろに言われては親不孝そのものだ。物を大事にすることは貴重なことだが仲間に言わせれば限度というものがあるそうだ。北海道が不況から抜け出せないのも、私に一因があるかもしれない。後何年どころか一年一年の延命でしかないが、私の気力体力の方がズボンより先にへたる可能性は十分ある。

読者がもし沢で私に遇ったなら、ズボンに労わりの言葉を掛けてほしいな。

二〇〇六年五月から一〇月までの遡行に過去のものを付け足して本書が出来上がる。読者がどんな思いで読んでくれたのかが一番気になるところだ。

二〇〇七年卯月の朝は一杯の炭焼珈琲に心安らぐ……ｇａｎさん

遡行協力者／青木博信・安立尚雅・阿部博子・石田真澄・伊藤久平・梅田満里子・角田洋一・加藤正義・久保田武彦・栗城幸二・黒川仁・小泉照容・坂口一弘・佐藤孝一・神野稔久・鈴木和夫・高坂道雄・高橋武夫・田端さち子・仲俣善雄・西川奈々・長谷川雄助・樋口みな子・廣川明男・藤本悦子・前道俊一・南栄二・山内忠

写真協力者／伊藤久平・角田洋一・加藤正義・久保田武彦・栗城幸二・鈴木和夫・仲俣善雄・西田弘・廣川明男・山内忠

表紙揮毫／長谷川薫子（白老山岳会）

（五十音順・敬称略）

前書・ganさんが遡行《ゆく》北海道の沢登り難易度

●珊内川本流から珊内岳1091m　★★

滝自体で難しいところはないが、泳ぐ場面を含めて総合的には中級になる。特に山頂から904m峰東コルまでの稜線の薮漕ぎは強烈で、コンパスを手放せない。

●伊佐内川から積丹岳1255m　★☆

沢は初級者向けだが、距離が長い分☆が付く。最後の薮漕ぎも四十分程度はかかる。丸一日の体力派ルートだ。

●星置川から発寒川縦走　★☆

ちょっとした高巻きや小滝だが慎重さが必要だ。フル一日を要する。同ルートを戻るなら懸垂下降が二、三回はある。

●湯の沢川から万計沼　★

半日あればできる手軽な沢だが、滝やナメはしっかりある。ゴルジュに不安定な雪渓がある時は高巻きに注意が要る。入門ルートとして最適な沢だ。

●幾春別川左股沢から幾春別岳1068m　★

難しいところは全くないが石は滑り易い。北峰から本峰への稜線は藪漕ぎに多少手間取る。

●札的沢三の沢左股・三の沢右股・一の沢左股　★☆

いずれも中級に近いレベルと思ってほしい。下りも沢を使うなら懸垂下降は必至となる。札幌からも近く経験者のトレーニングとして格好な沢だ。

●幌小川から浜益岳1258m　★☆
技術的に難しいところはないが、途中までは単調で長い歩きが続く。一泊二日のルートだが、二日目も一日かかる。
●ポンシュカンベツ川から暑寒別岳1491m　★☆
776二股から迫力ある登りが続く。山頂まで六時間はみたい。
●白井川本流から余市岳1488m　★☆
面白い遡行が続くが困難なところはない。最後しっかりと薮漕ぎがある分☆が付く。一日がかりのルートだ。
●千呂露川1014左沢から1790m峰・チロロ岳1880m　★☆
技術的な問題はない。最後残雪の状況によって遡行時間が大幅に変わる。稜線の這い松漕ぎは覚悟しよう。
●沙流川ニセクシュマナイ沢から1347m峰　★☆
難しい登りではないが石が滑りやすい。下りで同じルートなら懸垂下降がある。
●パンケヌーシ川北東面直登沢から雲知来内岳1241m　★☆
北東面直登沢往復なら★となるが下りで雲知来内沢を使うなら大滝の懸垂下降もあり☆が加わる。
●ニオベツ川南面直登沢から野塚岳1353m　★☆
次々と連続する滝は面白いが、その分初級者には気が抜けない。ガスっていると帰りの南西尾根の取り付きが迷い易いので気を付けたい。
●ニオベツ川580右沢から1220m峰　★
半日あればできる手軽な沢だが、人跡はほとんどない。

●ニオベツ川上二股の沢７８０左股から十勝岳１４５７ｍ　★☆
高巻きも高度なもので中級に近い。下りは７８０右股なら易しい。

●コイボクシュメナシュンベツ川から楽古岳１４７２ｍ　★☆
難しい滝はないが、７８０からの一気の高度感にはゾクゾクする。初級者には確保する場面も出てくる。

●ニオベツ川南西面直登沢からオムシャヌプリ（双子山）１３７９ｍ　★☆
傾斜の急な登りは中級者向けだ。迫力ある登りが存分に楽しめる。

●ヌビナイ川右股川からソエマツ岳１６２５ｍ・ピリカヌプリ１６３１ｍ　★★
７９０二股手前まで緊張するトラバースが続く。ソエマツ岳への急な登りも気を抜けない。ソエマツ岳から戻るなら懸垂下降が必至となる。７９０左股のピリカヌプリ北面沢は登り、下りとも簡単だ。

●豊似川左股川からトヨニ岳南峰１４９３ｍ・北峰１５２９ｍ　★☆
レベルとしては★★に近い。北峰まで行くならフル一日の行動となり、体力も要る。経験者の日高入門には格好な沢だ。

●知内川奥二股沢右股から前千軒岳１０５６ｍ・大千軒岳１０７１・６ｍ　★★
中級者でも緊張する直登や高巻きとなるだろう。羆にも十分注意したい。

●太櫓川北北西面沢から遊楽部岳旧山頂１２７５・５ｍ　★☆
日帰りするには体力が要るルートだ。難しいところは少ないが、初級者ルートではない。

●臼別川から遊楽部岳１２７７ｍ　★★
絶対的に厳しい滝こそないがそこそこのレベルの滝が多い。一般的には一泊二日のルートだが、二日目も一日を要する。体力に自信ある人向きだ。

●トムラウシ川西沢からトムラウシ山2141m　★★

涸れた滝が多い沢だが、垂直に近いものが幾つかあり、中級者向けの沢だ。日帰りするには相当な体力も要る。源頭付近の読図にも注意したい。

●イワウベツ川・盤ノ川から羅臼岳1661m　★☆

技術的には難しい沢ではないが、日帰りするにはきついルートだ。沢の乗っ越しなど読図力、判断力が必要となる。

尚前書の中で以下の部分の間違いがあり、訂正させていただきます。

P82(誤)署寒荘↓(正)暑寒荘

P211(誤)銀嶺水↓(正)銀冷水

P214(誤)パンケメワンナイ川↓(正)パンケメクンナイ川

P194、200のクワゥンナイ川はクワウンナイ、クワウンナイの表記もあることを付け加えます。

ganさんてどんなオヤジ？

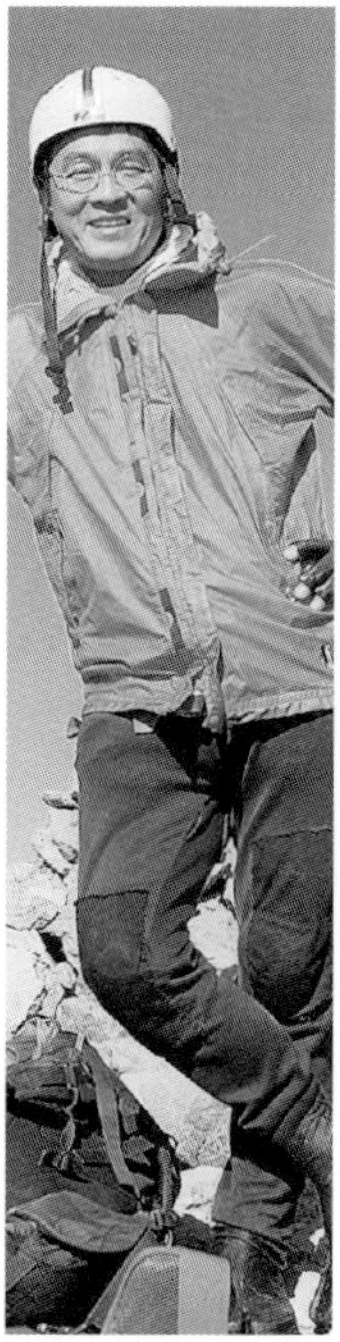

本名　岩村和彦（いわむらかずひこ）　一九五五年豊浦町生まれの白老町育ち　大学時代はもっぱら北米・南米・インド周辺の放浪に現を抜かす。社会人になってから本格的に山を始めるが、初めての沢登りが何処かは覚えていない。山岳会には所属していないのであくまで無手勝流の沢登りである。「山のトイレを考える会」の代表「山の道を考える会」の事務局を務め、沢登りの合間に環境問題、登山道の整備などにも取り組む。私的山岳集団「千呂露の会」主宰。札幌市在住のサラリーマン。著書に『ganさんが遡行北海道の沢登り』（共同文化社）、『北海道雪山ガイド』（北海道新聞社）の一部ルートも担当した。

gan《がん》さんが遡行《ゆく》
北海道《ほっかいどう》沢登《さわのぼ》り三昧《ざんまい》

二〇〇七年六月一日　初版第一刷発行

著者　岩村　和彦

発行所　共同文化社
〒〇六〇-〇〇三三
札幌市中央区北三条東五丁目五番地
電話〇一一-二五一-八〇七八
http://www.iword.co.jp/kyodobunkasha

印刷　株式会社アイワード

※「本書に掲載している地図の作成にあたっては、国土地理院長の承認を得て同院発行の2万5千分の1地形図を使用したものである。（承認番号）平19道使　第3号」

ISBN978-4-87739-137-9　C0075